陳福成著

文學叢刊

進出方飛白的詩與畫

——阿拉伯風韻與愛情

文史哲出版社印行

國家圖書館出版品預行編目資料

進出方飛白的詩與畫：阿拉伯風韻與愛情
／陳福成著 -- 初版 －臺北市：文史哲出版社, 民 111.10
頁； 公分. --（文學叢刊；467）
ISBN 978-986-314-622-3（平裝）
1.CST：吳明興 2.CST：新詩 3.CST：詩評

863.51 111017567

文學叢刊 467

進出方飛白的詩與畫

阿拉伯風韻與愛情

著 者：陳 福 成
出 版 者：文 史 哲 出 版 社
http:// www.lapen.com.tw
e-mail：lapen@ms74.hinet.net
登記證字號：行政院新聞局版臺業字五三三七號
發 行 人：彭 正 雄
發 行 所：文 史 哲 出 版 社
印 刷 者：文 史 哲 出 版 社
臺北市羅斯福路一段七十二巷四號
郵政劃撥帳號：一六一八〇一七五
電話886-2-23511028 ・ 傳真886-2-23965656

定價新臺幣四四〇元

二〇二二年（民一一一）十月初版

ISBN 978-986-314-622-3 10467

序：關於《進出方飛白的詩與畫：阿拉伯風韻與愛情》

老友、著名詩人、阿拉伯世界達人，方飛白，本名方清滿。（他的人生歷程年表請參閱本書末之附件）本書是對飛白兄的三本詩集，進行完整的梳理、欣賞和簡析，將其三本中有代表性作品，整合於一冊，並名《進出方飛白的詩與畫：阿拉伯風韻與愛情》。「進出」一詞，借引現代軍事術語一用，進出之間當然也有不同的觀點。

本書「進出」方飛白的詩，只針對他出版的三本詩集，不包含他近年來所發表的作品，三本詩集都算是早期較年輕時代，保有最浪漫、純真、唯美之風格：

《阿拉伯的天空》（台北：豪友出版社，一九八七年十月）。時飛白兄三十歲。

《紅海飄泊紅玫瑰》（台北：俄羅斯出版社，一九九四年五月）。時詩人三十七歲。

《黑色情話：方飛白情詩選》（台北：俄羅斯出版社，一九九四年六月）。時詩人三十七歲。

本書體例，以飛白的三本詩集為本書之三部，各部以下分章，第一部《阿拉伯的天空》，以第一到第六章論述之；第二部《紅海飄泊紅玫瑰》，以第七到第十章來討論；第三部《黑色情話：方飛白情詩選》，以第十一到十五章來探討欣賞。各部與章的題名，盡可能保留詩人之原題，以使體系較為完整。

自從二十多年前，有「詩人企業家」美名的范揚松先生，為我出版了《決戰閏八月》和《防衛大台灣》二書，引起兩岸一片熱潮；大陸的《北京軍事專刊》，還封了一頂大帽子「台灣軍魂」給在下，盛名之後，因揚松的因緣，又結識了也是詩人的吳明興和方飛白。

也許是「物以類聚」，又同是詩人、作家，多年來，以范揚松的大人物公司為基地，范、吳、方和在下，便經常聚會，把酒論詩。方飛白在《我的青春我的阿拉伯：給逝去的流金歲月》（計劃出版中），稱吾等四人為「詩友四人幫」，無論如何！這都是我們生命中，重要而珍貴的因緣，我們會珍視惜之一輩子。

退休二十餘年來，筆者以寫作、著述出版為「打發光陰」的唯一辦法，尤其記錄並保存美好因緣關係，是我最喜歡的交友方式。因此，《范揚松仿古體詩研究》、《進出吳明興的詩》等均先後出版，希望這本《進出方飛白的詩與畫》，能使飛白詩再流傳，並開啟好風景。

末了，順帶一提，筆者所有已出版著作（見本書末列表），包含本書，都放棄個人著作權，贈為中華民族之文化公共財；在我中國地區（含台灣）內，任何出版單位均可自由印行，廣為流傳，滋養生生世世之炎黃子孫，是我願。

台北公館蟾蜍山　萬盛草堂主人**陳福成**　誌於
佛曆二五六五年　西元二〇二二年九月吉日

進出方飛白的詩與畫：阿拉伯風韻與愛情

目次

7 照 片

作者與方飛白合影

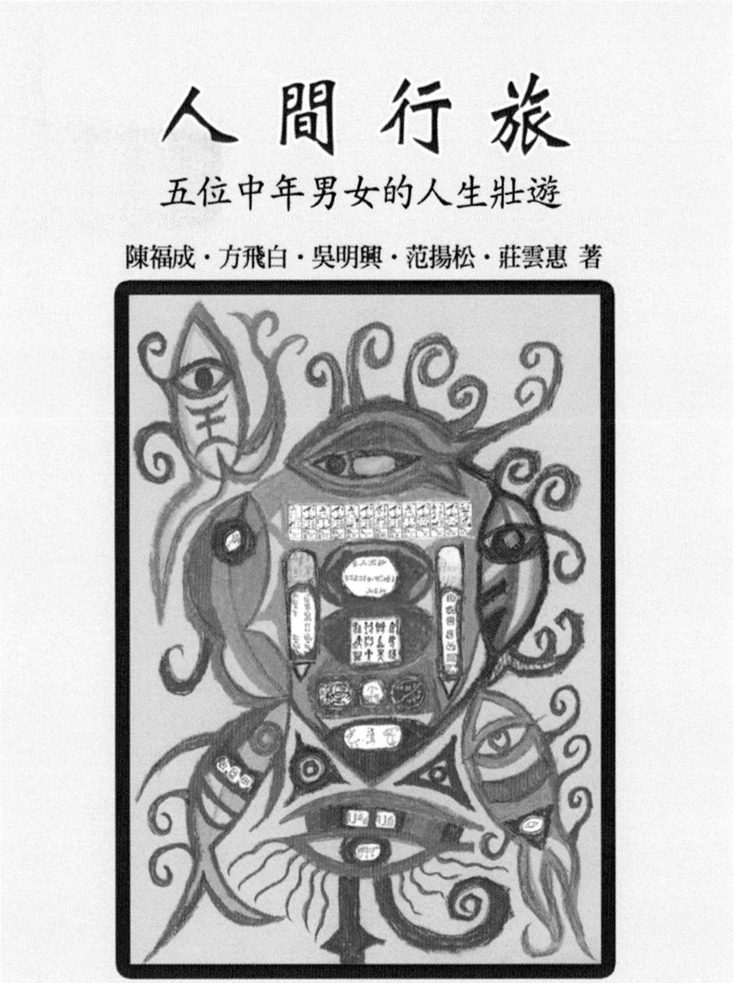
人間行旅
五位中年男女的人生壯遊
陳福成・方飛白・吳明興・范揚松・莊雲惠 著
文學叢刊
文史哲出版社印行

方飛白與金菊花合影

上圖：方飛白與駐華大使夫人合影（1987 年攝）

下圖：方飛白與沙國前石油部長合影（1987 年攝）

紅海雕像之二：大理石錨(劉鴻鈞先生攝影)

方飛白與天華攝於紅海之濱(1985 年攝)

方飛白於中國萬里長城（1992 年攝）

方飛白於印度泰姬瑪哈陵（1994 年攝）

方飛白於約旦，坦克車上留影(圖坦克車為以色列所製)

方飛白於約旦・安曼古蹟留影

第一部　阿拉伯的天空

傳說
有一座遙遠的宮殿
名叫沙漠
妳慢慢地的走來
在淒清的荒野間
幻化為一座浮雕
妳淡淡的微笑
在我專注的眼眸
朦朧的輕紗之後
笑成
一朵玫瑰的海倫

曾經
為了一位艷麗的女子
火光沙塵紅紅地飛散
特洛的壯偉
在刀劍裡燦爛

第一章　見景集：流浪在蒼茫的風景中

《阿拉伯的天空》是方飛白的第二本詩集，一九八七年十月出版，是他早期一些較成熟作品之集成。全書分三輯及一些阿文譯詩等，有詩約四十首，在這第一部內，區分六章，粗淺的欣賞飛白兄的「流浪之歌」。

第一章欣賞該書第一輯〈見景集〉。第一首詩是一九八六年（民七五）元月，他到泰北旅遊的見聞詩記，〈徘徊在蒼茫的群山：給泰北蒼茫的群山與山中散居的人群〉，詩曰：

旅途中
匆忙的趕路人
在異鄉裡奔走

輕靈的心情
帶著好奇
為了追尋深埋煙霞中的山色
四輪不斷翻滾於鄉野的胸膛
也翻滾著起伏的思緒
山岳與樹林在路旁圍飄流的浪客
奇異的幻之旅在天空的變幻中充滿情意

在黎明
泰北的霧輕盈
在微溫裡甦醒
空曠的原野
帶點冷清
為了探索散居翠色中的人群
雙輪急速飛奔向廣茂的森林
也飛奔出一路的風景
眼神與心神向群山探問原始的幽靈

前方的未知數在翠綠與蔚藍中微露身影

荒煙裡
潰退的戰敗者
在村落中散居
木訥的神情
帶些憂鬱
為了苟全小生命於四面受敵
鋤頭不停地鏟動赤貧的大地
也鏟動著中國的變局
門聯與廟宇在隱埋的時光之流低迷
觀音與彌勒在異國的山水間莊嚴地坐立

過小溪
離群的荒野在
在煙霧裡流離
婦人的愁容

帶點恨意
為了勉強維持一家五口的生計
雙手用力地編織著粗糙的草蓆
也編織了悲苦的情緒
鴉片的微香在茅屋蘊釀蒼涼與詭異
生命的希望在罌粟花的芬芳中飄搖無期

旅途中→在黎明→荒煙裡→過小溪。層層進入、層層揭開好奇的迷霧，最後的真相讓人失望（甚至難過）。就詩而言，是結構嚴謹的作品，引領讀者去發現一個「失落的世界」。

對這首詩，方飛白在原書有說明。一九八六年元月到泰北旅遊，在方鎮（Fong）這地方的山區，發現一座中國人聚居的小村落，有溫泉、有寺廟，供奉觀音菩薩和彌勒佛。寺旁小路通到山上，尚有關公祠，可見流離的中國人，仍不忘傳統信仰，村落每家也貼春聯，彰顯「我們是中國人」、是中華民族！

方飛白好奇的遊走山區，又發現另一溪畔，住著約有十戶的山胞（種族不詳），房子都是茅草搭成，十分簡陋。在其中一間，遇到四位德國青年（三男一女），一位中國人嚮導，說要帶他們到另一山區看罌粟花。

方飛白在另一間茅屋，發現了「鴉片鬼」，看到屋裡男主人正在吸鴉片，而他太太默默的編織著手工藝品，滿身泥巴的小孩在屋外跑來跑去。屋內除幾條破毯子，一堆火、一枝土製長槍、一把葫蘆瓢外，什麼也沒有，在微暗的屋中，看不到光明。

這一幕情景，詩人難免失落。他走出屋外，陽光雖燦爛，但望那茅屋，也看不到他們的未來有什麼希望？賞讀另一首〈舞的殿堂：記曼谷 **The Place** 舞廳〉。

夜
以無比的魔力
將我們招喚
從四面
從八方
夜
以神奇的魅力
將我們呼喚
從東方

從西方

你聽聽
有一種聲音
在我們相約之前
早已響起
你看看
有一種舞影
在我們相遇之前
早已成形

啊！
彩色的閃動
青春在閃動
彩色的跳躍
青春在跳躍
彩色的呼叫

青春在呼叫

用不同的膚色
顯示一樣的心情
青春的夜
不可冷靜
用不同的眼神
凝望一樣的幻影
青春的夜
無法清醒
用不同的擺動
營造一樣的情景
青春的夜
必然多情

大約半個多世紀前的舞廳，大家都規矩的跳著三步（華爾滋）、四步（布露司、倫巴、洽洽、吉力巴），頂多玩一下花步，即古典又斯文，舞場也有固定的禮儀要遵守，感覺那是一種文明，也是一種不錯的娛樂文化。

到了現代，年輕人的舞，顛覆了傳統的古典和禮儀，遠觀之完全如「群魔亂舞」，看不出文明，倒像是「原始部落的祈雨舞」。就像曼谷這家 The Place 舞廳，一群人被「魔神」附身，「以無比的魔力／將我們招喚／從四面／從八方……從東方／從西方……」俱被招喚而來，神奇的魅力啊！

幸好，詩人將我說的如「群魔亂舞」，導向一種青春活力的象徵。「青春在閃動……青春的夜／必然多情」，數十年來，泰國始終是不同膚色男人的天堂，應有許多「多情種」在曼谷留下「種子」。另一首是〈路過夏娃墳墓〉。

說起古老
沒有人會忘記
她這根美麗的肋骨
還有那神秘的伊甸深處
談起現代
沒有人會留意
妳這座破舊的荒墓
以及那複雜的宗教歷史

不遠處　是沙國外交部
而妳是縱橫各宗教間的女大使
不遠處　是古老吉達市
與妳同看過多少人間的興亡事
不遠處　是國防指揮部
而妳是人類永恒不變的老祖母

如果真的有一座「夏娃墳墓」，必會成為富麗壯偉的「聖地」，每日吸引無數人潮來參拜，不會成為「破舊的荒墓」。所以，詩人〈路過夏娃墳墓〉，詩中的夏娃墓，應是當地人的謠傳吧！再者，地理位置也是疑問。不過，詩非科學，不能考證真假，科學也鬥不過詩語言，不是嗎？一首〈老吉達的小巷〉。

走進第一條巷子
在古老的街道深處
追尋被遺忘的英雄事蹟
如今已全被誤傳扭曲

踏向第二條巷子
從飛揚的祈禱聲中
傾聽被神化的人間傳奇
如今已變為永恒神秘

轉入第三條巷子
在剝落的木彫門上
撫摸已消逝的燦爛往昔
如今已化成朽木無奇

彎過第四條巷子
從貓群灰暗的眼睛
透視貧民窟橫躺的孤寂
如今已命定絕望到底

走出最後的巷子

看聳立雲天的巨廈
便從天方夜譚的中古
飄回二十世紀的都市

原刊於《天方藝文》

西方史學家有一句名言：「所有的歷史都是現在史。」，即按「現在」主政者的需要，詮釋所有過往的歷史。舉兩個最鮮明的史例，其一、美國開國英雄們，幾乎全部以販賣黑人和大屠殺原住民為其偉業，包含華盛頓和傑佛遜，但後來統治者為固其政權，把這些黑歷史隱藏，宣傳成英雄、偉人，而真相極不道德。

其二、是發生在這南蠻小島的「二二八事件」，每個時期的主政者都依自己所需解釋，從中榨取最大利益。此外，各黨派、各路人馬，凡想出名或撈錢花用者，便拿「二二八」大作文章，便要什麼有什麼！神奇吧！

所以方飛白在詩中說「追尋被遺忘的英雄事蹟／如今已全被誤傳扭曲」，不論有沒有政治因素涉入，事蹟經千百年流傳，很多會變質。比較可嘆的是，老吉達市「貧民窟橫躺的孤寂／如今已命定絕望到底」，但鄰居就是「雲天的巨廈」，二十世紀的大都會，全世界不知有多少這樣「貧富同居」的場景。一首〈向天的雙手〉。

有人以雙手
飄盪出柔麗的雪花飛揚
從古典到永遠
有人以雙手
點畫出變幻的色彩閃動
從山谷到綠原
有人以雙手
培育出芬芳醉人的血紅
從腐朽向完美
有人以雙手
發動了血腥致命的戰火
從戰場向墳墓
有人以雙手
向神祈求和平

有人以雙手
向神祈求戰爭
而這雙向天的手
伊斯蘭獨有的手姿
靜默地聳立
祈禱著什麼？

人類社會為什麼會有「宗教」信仰的形成？這原因很複雜，可能需要一本真正的博士論文，才能說出一點道理，非本文論述之主題。本文略述目前世界上無數教派中，約分有神論（如基督教、天主教、回教）、無神論（佛教）。也可區分「一神教」（基督、天主、回教）、「多神教」（中國民間信仰）（註一）。

各教派由於思想、背景、教義之不同，有各種不同的祈禱手姿（如佛教的雙手合十和蓮花指）。如方飛白詩中所述「伊斯蘭獨有的手姿／靜默地聳立／祈禱著什麼？」恐怕只有信仰者知道了！

但〈向天的雙手〉也意涵著，不論戰爭與和平，都是人類的雙手推動所造成。大多時候，所謂「向天祈求」只是一種藉口，「天」不會有任何回應，完全是人心之所欲、所要，而啟動一場戰爭或達成和平。

註　釋

註一　陳福成，《中國神譜：中國民間宗教信仰之理論與實務》（台北：文史哲出版社，二〇一二年元月）。

第二章　傷情集：愛的自我實現

《阿拉伯的天空》第二輯〈傷情集〉，有不少給朋友（有的應是情人）的詩。如給夏溟（三首）、給M.L、給天華、給Agate、給雅惠、給朱永活、給美惠、給雨涵（二首）、給中健兄、給士毅兄等。本章隨機選數首賞讀，一首〈流浪而死：給夏溟〉。

吾愛
我不死於老邁
我將死於流浪的山脈
讓黃昏深埋
吾愛
我不死於老邁
我將死於漂泊的塵埃

在空間去來

吾愛
我不死於家園
我將死於愛情的纏綿
化為星子點點
吾愛
我不死於家園
我將死於歲月的盤旋
幻成風沙捲捲

吾愛
我不死於傷感
我將死於孤獨的茫然
如秋後的曠野平淡
吾愛
我不死於傷感

我將死於飄雪的飛寒
像孤雁的北國蕭然

吉達・飄泊居　一九八四年七月三日
原刊《金字塔》

一首短詩有六次「吾愛」的呼喚，詩人與夏溟之間的關係，無疑的應已可定位於「情人」關係。所以，這是一首情詩，向情人表述最深刻，也最真誠的愛意，「我將死於愛情的纏綿」。僅此一句，勝過千言萬語。

但這首也可以當詩人的人生觀解讀，不光是對愛情的纏綿、浪漫，他的人生屬於流浪與飄泊，可以死在女人懷裡，不能死於家園（不結婚的暗示）。或者，死於流浪，死於孤獨，多麼浪漫而悲壯！類似我革命軍人的精神，可死於戰場，馬革裹屍，不可死於家園。再一首〈並不是太愛妳：給夏溟〉。

愈來愈深陷
我的痛苦
並不是因為太愛妳

而是在空空曠曠的荒野中
望著遠方沙暴起落著
獨不見妳的音訊
自黃沙深處昇起

愈來愈漫長
我的憂傷
並不是因為太愛妳
而是在蒼蒼茫茫的海洋上
看著岸邊浪花綻放著
獨不見妳的關懷
自春水起源地漂來

愈來愈沉迷
我的憂鬱
並不是因為太愛妳
而是在悠悠漫漫的歲月裡

看著街夜人群過往著
獨不見妳的歡顏
自燈火輝煌中閃現

註：這首與〈流浪而死〉兩首，為與姬娜別離而作。

原刊於《中外文學》

按古今中外先人們有過的經驗法則，或許可以用一個數學式，來表達愛情與痛苦的關係：「愛情的深度與痛苦的程度成正比」，即是說：愛得愈深，痛苦程度也愈深。〈並不是太愛妳〉正是體現這樣的情境，詩人有註說明，這首和〈流浪而死〉，為與姬娜別離而作，可見詩人對姬娜用情至深。

只是詩人在這首詩用了「逆向操作」的技巧，表面說「並不是因為太愛妳」。但當看不到情人時，「愈來愈深陷／我的痛苦……愈來愈漫長／我的憂傷……愈來愈沉迷／我的憂鬱」。愛得深啊！愛成相思病了。另一首〈舞夜的沙塵：給天華〉。

在紅海邊凝想
潛入浪花的長巷
有廣漠艷麗的天象
從落日黃昏裡荒涼

在黑夜裡追想
走入記憶的夢鄉
有舊日風沙的迴響
在多情的天空盪漾

在荒漠中暝想
望入沙漠的中央
有粉紅玫瑰的海洋
於狂飈的宇宙飄香

在舞夜裡狂想
飛入夢幻的音響

有激越的舞步優揚
向燦爛的星空飛翔

在永恒裡遐想
步入時光的幻象
有秀麗輕柔的姑娘
回永遠溫馨的故鄉

附記：天華最後一次飛沙烏地，有感而作。「Kiss」舞廳比吉達的聲光強過千萬倍，「沙塵」也多過數百倍，美麗的舞夜如在台北重覆一次，當日的「沙塵們」應當會喜悅無比，IN SHA ALLA！

天華應該是個女性，（秀麗輕柔的姑娘），詩人和天華曾在沙烏地有過一段不錯的友誼，從這詩意來看。

透過五段凝想↓追想↓暝想↓狂想↓遐想，他們在紅海邊、沙漠中、舞夜裡，有過共同的歡樂日子。這是已近四十年前的往事，年輕時代一段友誼，凡是因緣都是可貴的，讓人珍惜的，即使是久遠以前的友誼。一首〈妳來夢幻海：

給雅惠〉。

黑色的巨海
神秘的黑塵埃
黑色的大海
妳飛來
浪花洶湧後澎湃
燈火放射變五彩

藍色的巨海
憂鬱的藍絲帶
藍色的大海
妳飛來
海鷗點水多輕快
白沙輕擁浪花海

紅色的巨海

靈秀的山水寨
紅色的大海
妳飛來
千古神話依舊在
一往深情似花開

夢幻的巨海
瑰麗的相思台
夢幻的大海
妳飛來
相逢異國情誼在
何年何日君再來

四段整齊加韻的情詩，添增許多美麗的想像，散發濃濃的情意，永遠難忘的相思。這位雅惠姑娘，從遠方飛來，與詩人在沙烏地、紅海等處相會，可惜相愛時間總是短暫，「海鷗點水多輕快……一往深情似花開」。只要是真心相愛，就算花開花落，也是一生的美麗，一生最甜蜜的回憶！

「妳飛來／相逢異國情誼在／何年何日君再來」。年輕時代的戀情，總是叫人回味，不知後來發展的如何？這不屬於賞詩的範圍。或許如這詩題，只是一場「夢幻」，「瑰麗的相思台／夢幻的大海」，賞讀另一首〈黑水晶與火紅唇：給朱永活〉。

來自北國的霜雪
將妳深情的眼睛
化為一對燦爛的水晶
而妳是一片黑色的天空
我飛行
想念著
妳胸前閃爍如銀的晶瑩

來自北國的冰雪
將妳細柔的感情
化為一股飄香的輕靈
而妳是一朵黑色的玫瑰

我凝望
思索著
妳髮間黑亮如絲的花蕊

來自北國的細雪
將妳微紅的雙唇
化為一把火焰的熱情
而妳是一座純黑的深潭
我潛游
追尋著
妳臉龐古典如詩的幽谷

來自北國的白雪
將妳潔淨的肌膚
化為一季飄雪的寒冬
而妳是一座純白的雪雕
我輕觸

探索著
妳情海永活如恒的心靈

　　結構、邏輯都嚴謹的一首詩。詩人將詩中稱「妳」的朱永活這位女性好友，以霜雪、冰雪、細雪、白雪等「四雪」形容之，可見這個女生有如雪之美感。在末段更以「潔淨的肌膚」和「純白的雪雕」形容，顯見這個女生確是一個叫人動心動情的美女。

　　前兩段是對美女的描述，已然對詩人有了致命吸引力。果然，到了第三段點燃了愛之火，「妳是一座純黑的深潭／我潛游／追尋著／妳臉龐古典如詩的幽谷」。這裡有鮮明的性暗示，最後「將妳潔淨的肌膚……妳情海永活如恒的心靈」，也有較淡的性暗示，整體而言，這是一首誘人的情詩。另一首〈春風中的風鈴：給美惠〉。

彷彿來自
一則粉紅色的神話
妳微紅的微笑
如一朵初開的紅蓮

以最秀美的最親切的神色
在夜晚的邊疆
飄逸出青春的柔情
輕盈多輕盈
有如在春風裡微笑的風鈴

彷彿來自
一則金黃色的傳奇
妳明亮的眼眸
像一顆燦爛的星子
以最秀麗的最鮮艷的色彩
在夜空的遠處
散發著青春的靈性
多情真多情
正是在春風裡飛揚的春景

為一九八七年情人節而寫

情人節，寫一首詩讚美情人（就算還沒到情人的定位，只是自己心儀、喜歡），都是浪漫的事。「妳微紅的微笑／如一朵初開的紅蓮／以最秀美的……多情真多情」。這般浪漫詩語，想必不成為情人也難。一首〈盛開的夜：給雨涵〉。

夜色原已凋謝
因機緣而悠然開放
在輝煌的夜色中
有一朵是初開的戀情

情花是永不凋零的花朵
在芬芳的夜色裡飄香
妳每一次微笑
都像花開般美麗
我永遠難以忘記
妳每一個香吻

都像小鹿般柔順
我懷念妳的溫存
妳每一次撫愛
都像艷麗的大海
我沈醉妳的情懷

好美又誘人的詩句，「夜色原已凋謝／因機緣而悠然開放／在輝煌的夜色中／有一朵是初開的戀情」。在夜色的醞釀中，擁情人入懷，做愛做的事，相信這是兩人一生經歷裡，都會有的「自我實現」的感受，兩人也互為生命中的真命天女和天子吧！

「妳每一個香吻……妳每一次撫愛……」兩性之間的奇妙關係，真不思議！不可說！說不盡。不論那一方，婚外（或未婚）而有一個「真命情人」，只能說這是千年難有的因緣。通過這樣的情人（不論維持多久），所進行的做愛，可讓人頓悟！讓人啟蒙！讓人滿足！感受到另一種不凡的人生意義和價值。這是沒有這種好因緣的人，所不懂、不能理解的事，而我老友方飛白，深悟其中之妙！一首〈又飄入風塵：給雨涵〉。

原以為
風塵的刀劍
將消逝在妳柔情的笑聲
轉瞬間
妳明亮的笑聲
又傳向風塵的夜色裡

妳在夜裡的微笑
仍令我神采飛躍
妳在血裡的微笑
仍令我心盪神搖

妳論劍時的風采
似乎永不再歸來
我笑談中的夢想
在風中空自蕩漾

第一段「風塵的刀劍／將消逝在妳柔情的笑聲……」。把客觀環境的風雨沙塵比喻成「刀劍」，這是可以理解的，這些刀劍碰到她：詩中的妳：雨涵，俱被她的柔情消融。啊！女人，妳的柔情，法力無邊啊！

但第三段「妳論劍時的風采」，此處的「論劍」所指為何？則不易理解，唯一能解是兩人在做愛狀態中，都施展了全部身心靈肉的功力，有如兩人在床上論劍比試。這是從第二段「妳在夜裡的微笑……令我心盪神搖」推論而來。再一首〈六月的別離：給中健兄〉。

不管從山岳俯視平原
或者從平原仰望山峰
平原的臥姿總是安然
平原的胸懷總是開闊
流水也有一定的方向
山岳的立姿總是巍然
山岳的容顏總是壯麗
雲彩也有一定的歸處

在月的變遷
與歲月的流轉中
心情如一座流浪的島嶼飄盪
只在破曉時刻
才與晨光結合
成為飛回山林的野鶴

在潮的起落
與日夜的交替裡
心情如一群飄泊的蒼鷹飛翔
只在黃昏時刻
才與晚霞會合
成為回歸故里的浪者

在歸來的日子
所有的島嶼都是迷人的旅店

也是故鄉
在歸來的日子
所有的蒼鷹都是返鄉的歸人
也是過客

眾生都在他鄉和故鄉之間，永恒的漂流著。台灣人早期故鄉都在祖國大陸，但人類學家的考古證實，所有人類的原鄉是在非洲肯亞，而更先進的科學已經證明地球生命，最初來自外星球。因此，何處是故鄉？何處是他鄉？我們大家都是宇宙過客吧！

再者，現代天文學又證明太陽圍繞銀河系轉，轉一圈是兩億六千萬年，也就是，若從恐龍滅亡之年起繞，至今才繞了銀河系四分之一圈。

太陽帶著一大家族上百人馬，繞銀河系走，現在走到那裡？我等都是宇宙流浪者。我們中國大唐時代龍牙居遁禪師詩曰：「木食草衣心如月，一生無念復無涯；世人若問居何處，綠水青山是吾家。」（註一）

青山是家，沙漠也是家，「在歸來的日子／所有的島嶼都是迷人的旅店」，你雖是過客，就當成臨時的家，暫時的故鄉。

註釋

註一　龍牙居遁禪師，唐文宗太和九年（八三五年）生，後唐莊宗同光元年（九二三年）圓寂。撫州南城（今江西）人，十四歲時，在吉州（江西）滿田寺出家。初參謁翠微無學與臨濟義玄，復謁德山，後禮謁洞山良價，並嗣其法。其後受湖南馬氏之禮請，住持龍牙山妙濟禪苑。號「證空大師」。洞山良价，會稽諸暨人，唐肅宗元和二年（八〇七年）生，唐懿宗咸通十年（八六九年）圓寂，曹洞宗創始人。

第三章　遙遠的灰燼與烽火

《阿拉伯的天空》詩集之第三輯〈荒野集〉，詩寫的背景，是阿拉伯的大荒野，也是詩人的沙烏地南遊記感。此輯有詩引子，〈貝都因人的家鄉〉曰：

貝都因人的家鄉
白日裡
凝望一片黃沙
古老的駝鈴迴響
發射炎炎熱熱的艷陽
那是永恒的故鄉

貝都因人的故鄉
黃昏時

遙望一片金沙
古老的駝鈴迴響
閃耀金金黃黃的夕陽
那是壯麗的故鄉

貝都因人的家鄉
午夜後
瞭望一片黑沙
古老的駝鈴迴響
映照冷冷清清的月亮
那是神秘的故鄉

經由白日、黃昏、午夜三個時段，呈現南沙烏地大荒野三種壯麗、孤寂而神秘的景觀，貝都因人就在這裡過了他們的生生世世。像這樣遠離文明的極少數民族，在地球上仍有不少，在我們中國、非洲、澳洲、北極、俄國、美洲、大洋洲等，都仍有極稀少之人類部落，詩人與貝都因人有緣。

〈荒野集〉作品豐富，集內又分三篇和尾音，為能儘可能求全，本書以三、

四、五、六章介紹欣賞。本章欣賞他的第一篇〈遙遠的灰燼與烽火〉，一首〈之一：洪荒的世代〉。

宛如一把秀麗的尖比雅短劍
阿拉伯半島
靜靜的橫放在西南亞
自洪荒的遠古
這片遼闊的荒野
便展現著神秘的未知

荒山曠野
甚至沒有一座孤墳
人跡終古渺然
沙漠飛塵
甚至沒有一處巢穴
鳥影竟也飛絕

在世代的荒涼裡
有誰為妳唱孤獨的歌聲
只聽到吟遊詩人
在曠野中呼喚
甚至山谷也忘了迴響

在世代的寂寞裡
有誰為妳唱淒涼的歌聲
只見到流浪的星
在夜空中狂嘯
甚至海潮也忘了退漲

在歷史的荒煙中
諸神的經典終究是謎語
在歷史的廢墟裡
部落的族譜要如何寫起

千古以來
日夜在輪迴中過去
渾沌的大地終於甦醒
天空燃起燦爛的星火

諸神在荒野中交戰
烽火昇起
戰歌也唱起
諸神在荒野中交戰
遍地盡是人獸的屍體

烽火昇起
戰歌也唱起
曚曨的時代
因而過去
烽火再起
戰歌也唱起

歷史的黎明
因而開啓
然而
諸神仍在荒野中交戰
遍地盡是人獸的屍體

這首詩有一點弔詭（**Paradox**），前五段寫的南沙烏地大荒野，在千百萬億年中日夜輪迴的過去了。到第六段之後，「渾沌的大地終於甦醒／天空燃起燦爛的星火」，這是什麼？原來是「諸神在荒野中交戰／烽火昇起／戰歌也唱起」。這可能就是教派之間的戰爭，只有宗教信仰的爭議才有戰爭的可能。

因為戰爭，「矇矓的時代／因而過去／烽火昇起／戰歌也唱起／歷史的黎明／因而開啟」。言下之意，戰爭使人類的矇矓時代結束，開啟理性的新時代，迎來歷史的黎明。再直白推述之，是戰爭推動著歷史前進，是戰爭推動人類文明文化向前發展。

是這樣嗎？那麼，大家應該積極鼓動戰爭才是，這當然不是詩之本意，否則詩人豈不成了「戰爭狂熱份子」，詩人只是描述一種「現象」而已。

不談戰爭。詩人形容阿拉伯半島，如一把秀麗的尖比雅短劍（阿拉伯人佩在腰際的短劍），這大荒野千古以來，神秘而遼闊，呈現的沙漠飛塵，鳥影飛絕，淒涼孤寂，也是一種「景觀視覺」的享受。賞讀〈之二：沙霸的面容〉。

南方
遼闊的南方
妳是豪情的起源
南方
母性的南方
妳是文明的根源
閃族的兒女
在荒野中開墾田地
在廢墟中營建家邦
原野因而翠綠
林園長滿了甜果
阿達納河谷
建起了瑪雅麗柏大水壩

寺廟林立
安慰了人民孤寂的心靈
城邦高聳
護衛著人民經營的產業
沙霸諸王
終於建立南方的帝國

世代的大輪轉中
亞德族人
早在黑雲覆天的大雨中滅亡
賽母待人
也在天裂地震的巨變中淪落
而日夜總在星際間輪迴
而駝影仍在千山間徘徊
沙霸的子民
不斷向外傳遞
南方的訊息

乳香與沒藥向東
印度的孔雀也飛來阿拉伯
而向北方
經過麥卡羅巴
經過玫瑰紅的佩特拉
遠遠地抵達以色列國
在耶路撒冷的黃金殿堂
所羅門：智慧與財富的君王
會見比兒姬絲：沙霸最美的女王
在黎巴嫩林宮：神的殿堂
她見識了真正的智慧與財富
她貢獻了成堆的黃金與香料
以色列與沙霸的結合
南北的文明因而交會
啊！
那是在一個多麼珍貴
而充滿神奇的夜裡啊！

玻璃宮的傳奇
因而仍在歷史中謠傳

智慧的所羅門與異教女子淫樂
《舊約》裡述說著
上帝因而震怒
以色列因而分裂
是否因為沙霸女王
南方也分享了上帝的餘震
不然辛苦建立的大水壩
為何突然潰破？
傳說的野老鼠
是否能咬破歷史的結？

大洪水之後
歷史的主戰場便向北移動
在群山與大海之間

土霸諸王
重建了欣亞禮帝國
然而
已失去了昔日的光輝
波斯噠噠的鐵蹄
已在遠方響起
波斯堂堂的戰鼓
已在遠方昇起

南方啊！
遼闊的南方
母性的南方
妳為何哭泣？

這是一首七十三行壯闊之史詩，內容涉及閃族、阿拉伯、伊斯蘭、波斯、以色列等古代史；而屬性包含戰爭、政治、神話、傳說等領域。就整首詩內容看，方飛白完全發揮了阿文系兼歷史系專長，及長住旅居阿拉伯各國的實地經驗積累，不得不說，這是他生命中最鮮明的特色，最有意義的人生記錄。

〈沙霸的面容〉一詩，方飛白有許多註解說明，由於這首詩所涉及阿拉伯等古文明文化，非筆者專長。因此，對這首詩的解釋，以下都按方飛白的說明轉述。

「沙霸的面容」：沙霸（**Saba**），即《舊約》中所稱的 **Sheba**，優格坦（**The Yogtānibs**）人在伊斯蘭前的阿拉伯半島南部建立的沙霸帝國，西元前數世紀便建立與印度各國的海上交通網，陸上交通也向北推到敍利亞各地。沙霸帝國，後因印度各國商道改走哈德拉冒烏特（**Hadramawt**）海岸，商業不振，又因大水壩瑪雅麗柏（**Marib**）崩潰而漸漸衰亡。大部份人民向北遷移，其中一支部族在沙霸帝國舊地與紅海之間，又建立了欣亞禮帝國，直到西元五世紀左右才被波斯征服。

「阿達納河谷／建起了瑪雅麗柏大水壩」：沙霸帝國首都瑪雅麗柏西南方阿達納河（**The River Adana**），夏季河床乾枯，雨季大水奔流無法通行，為防洪與灌溉，沙霸人建起大水壩。此壩於西元一、二世紀左右崩潰，其廢墟在今葉門境內，西元一八四三年，由阿諾德（**The Araud**）先生領隊發現，他曾拓印石頭上的刻文，發表在《亞細亞之旅》（**The Journal Asiatigue**）一書中，後文經由猶太學者約瑟夫．哈雷微（**Joseph Halēvy**）等專家研究、解讀，才更擴展人們對伊斯蘭南阿拉伯的歷史、語言、宗教，有了多方面的了解。

「賽母待人／也在天裂地震的巨變中淪落」：賽母待（**Thamūd**）人，居住在漢志和敍利亞之間，他們鑿山石為住屋，《古蘭經》第七章第七十四節提到他們：「在平地造宮殿，並就山鑿室。」此種石屋仍可在沙烏地境內的瑪達因・沙利赫（**Madain Sālih**）見到，據學者考證，其上所刻的納巴特文顯示有些建築是作墳墓之用。賽母待人因不信先知沙利赫（**Salih**）的傳道，且將沙利赫給他們的母馬殺掉，因而受到嚴厲的處罰。《古蘭經》第七章第七十八節說：「於是他們遭受了地震。」；另第五十一章第四十四節、第六十九章第五節，都提到賽母待人的事蹟。

「印度的孔雀也飛來阿拉伯」：印度與東阿拉伯各港口的商業，在西元前十世紀便很興盛，尤其香料和珍貴動物（猿猴、孔雀等），更由陸路轉運到埃及，供法老王與貴族們享用。

「麥卡羅巴」：**Macoraba**，今之麥加。

「經過玫瑰紅的佩特拉」：**Petra**，位於約旦伊頓（**Edom**）群山之間，那巴特（**Nabateaus**）人首先定居在此，並發展出自己的語言、文字、建築。自十字軍東征後，此區便與世隔絕，直到一八一二年才被探險家柏克哈德（**Burckhardt**），領隊發現廢墟，使其文明文化重現人間。其主要遺跡有方形墓（**Sguare Tombs**）、宮殿墓（**The Palace Tomb**）、方尖拓墓（**Oblist Tombs**）、法老女兒宮（**Qasr Bint Pharaon**）等等。其山石特具風格，大部份是玫瑰紅色，中間夾黃、白紋路，特別是赫斯娜區（**El-Khasnah**），岩石是純玫瑰紅色，在陽光下閃爍，好似本身能散光飛芒一般，而佩特拉也因而取得玫瑰紅城（**Rose Red City**）的美名。

「玻璃宮的傳奇」：《舊約》列王紀第七章：「所羅門王為自己建造宮室。十三年才完成，他建造的有黎巴嫩林宮。」此宮殿因其所有柱子全用黎巴嫩山的香柏木所造，故以此名之。另《古蘭經》第二十七章：「有人對她說：『妳進入宮殿吧』，及她看到宮殿的時候，就以為那是水塘，而裸其脛。所羅門說：『這是光滑的玻璃宮。』她說：『我的主啊！我確辜負自己了，我隨同所羅門歸順安拉，眾世界的主。』」不知二者是否同一宮殿。

另，《舊約》別王紀第十章：「砂霸女王聽說所羅門王因上主之名獲得聲望，即前來以難題考問所羅門。」而《古蘭經》第二十七章則記載沙霸女王知道：「帝王們每入一城，必搗毀它，並使那居民中的貴人成為賤民。」而所羅門王更想：「率無敵軍隊前去，使他們在卑賤羞辱狀態下，被我逐出。」因而，促使女王到耶路撒冷朝見所羅門王，二者記載不同。

「智慧的所羅門與異教女子淫樂」：《舊約》列王紀第十一章：「所羅門除了法老的公主外，又愛上許多外國女子。」……「他有七百個各地公主為妻，另外還有三百個妃子；這些妻妃終於敗壞了他的心。」年老的所羅門王，被妻子迷惑而信別的神，終於引起上帝的震怒，發出警告：「我必奪去你的王國……我將要由你兒子手中奪去。」傳說因此引發猶太和以色列的分裂。

「不然辛苦建立的大水壩／為何突然潰破？」：傳說，當時的統治者阿母爾（Arm）的妻子，曾夢到將來臨的災禍。她對丈夫說：「你到大水壩去看看，如果，你看到有老鼠在壩中以爪挖洞，以後腿移動巨石，便是確有災禍要降臨。」阿母爾去看，果然看到一隻老鼠，在移動一顆五十人也無法移動的巨大岩石。後來水壩崩潰，造成大洪水，沙霸人便永遠消失在這片土地。

「土霸諸王／重建了欣亞禮帝國」。瑪雅麗柏水壩崩潰後，沙霸帝國消失。西元前一一五年，欣亞禮人在查法爾（Zafâr）重建新帝國，成為今葉門地區的統治者。直到西元二七五年，被來自阿比西尼亞的基督徒征服，一度復國，又被波斯所滅。賞讀〈之三：詩劍的傳奇〉。

在騎士時代
劍的傳奇
有最美艷的傳說
詩的故事

有最動人的浪漫
詩劍的結合
是貝都因傳統中
最珍貴的寶藏

據說
詩人是與精靈神交的巫師
詩人是今生與來世的鎖鏈
他們的詩篇如利箭飛越沙漠
音節飛揚而雄奇
文句典雅且瑰麗
對抗敵人怯弱的心志
傳誦部落光榮的往昔
雖然有人說
詩人是入火獄的領路人
只有迷途者才跟隨
詩人是山谷中的流浪漢

只說大話而不成大器
然而千百年後
大地仍在流傳
詩人在曠野吟唱的詩篇
劍的傳奇
也在閃亮的刀鋒刻著不滅的印記
劍光反射著征戰歲月的豪情
刀柄的寶石發散著歷史的光耀
迎接戰士凱歸的營火會中
腰肢輕盈的美女
在黑色的面紗內微笑
享受著英雄癡情的鍾愛
且輕唱著動人的情歌
沙漠兒女的情史
交織成一則則艷麗的傳奇

看那浪漫的伊姆魯・蓋世

：流浪的帝王
如何在荒野中自由地漂泊
且在月光下狂醉
如何在駝轎上輕柔地吟唱
且在星夜中癡戀
今日且飲酒
明日再辦事
營帳狂亂的鼓聲響起
那是最適合慾愛的夜色
詩人命定為麗拉瘋狂而死
沒有死亡的愛情便沒有美好
在他們感人的戀曲中
寫下最淒美的註解

看那雄奇的安搭拉
：英勇的黑騎士
不僅是擠駝奶的奴隸

他生而高貴
是亞伯絲族最強悍的勇士
騎駿馬敏捷地在敵軍中飛奔
豪邁地作戰
為亞伯絲族創光榮的戰史
看那哀艷的安搭拉
：英勇的黑騎士
不僅是綁駝奶的奴隸
他生而多情
是亞伯絲族最癡迷的情人
騎駿馬輕快地在黑夜裡飛馳
火紅的雙唇
為雅伯拉傳遞熱戀的情火
看那永恒的七金詩
懸掛在充爾白的高牆
搭寫群星圍繞蒼穹的夜裡
沙漠中輕唱著柔美的戀曲

描寫身經百戰榮歸的英雄
目睹故鄉人事全非的憂傷
描寫胸脯如玻璃般晶瑩的美女
描寫愛人遠去空留遺恨的廢墟
描寫戰士保衛了部族的血脈
描寫詩人延續了傳統的歷史
所有的詩篇將繼續流傳
如星辰在黑暗中發光
詩人與戰士
也將在歷史中閃爍著
詩與劍的傳奇
從那遠去的世代中
我們彷彿又看見
在美女熱情的擁吻後
在醇酒醉人的迷亂後
戰士在大地征戰

風雨交響
詩人在曠野吟嘯
天地同愁

地球上有許多古老的文明，平常所說的「四大古文明」是大數之略，其實有更多不為人知（知者極稀）的古老文明。如南沙烏地的貝都因人，生活在台灣的人，恐怕只有一個詩人方飛白，有緣有心，又有相關知識背景，願意身入現地做現場參訪考察，據以寫成如此深邃、奇詭，對我而言，也是新鮮的近百行長詩。

我說新鮮，是在其他文明文化（包含我們中國文明文化），未見有如是形容詩人，「詩人是與精靈神交的巫師、詩人是今生與來世的鎖鏈、詩人是入火獄的領路人、詩人是山谷中的流浪漢」。

就詩言詩，這樣形容詩人是「新鮮」的詩語言，其他的文明未有如此形容。當然，古阿拉伯的貝都因人世界，所發生那些「失落的歷史」以及神話和傳說，被有心的詩人方飛白一一的挖了出來，譜寫成詩，並如此形容詩人與戰士的「詩劍傳奇」，必有深厚的文化意涵。以下是方飛白的註解說明。

「看那浪漫的伊姆魯・蓋世／：流浪的帝王」：伊姆魯・蓋世（Imru-Qays），

是伊斯蘭前七金詩的作者之一，其家族來自古葉門王國，祖父是金達（Kinda）族國王，父親統治過阿塞德族（The Banā Asad），後被叛軍處死，蓋世為報父仇，曾到君士坦丁堡求助，查士丁尼大帝願助其復國，以抵擋波斯的勢力。

傳說，查士丁尼因蓋世與其女兒有染，故在其戰袍上塗上劇毒，蓋世因此而亡，故有「流浪的帝王」稱號，另有「潰傷者」（Dhu ʾl-Qurūh）之名。他的長詩，文詞華麗，意象鮮活，歌頌青春的喜悅，他與拉依拉的愛情故事，流傳至今，為人所羨。

「看那雄奇的安搭拉」：安搭拉（Antara b. Shaddād），屬於雅柏絲族，因參與達喜思戰爭（The War of Dāhis）而聞名。他母親是非洲的黑奴，依當時俗規，黑奴所生兒子亦是奴隸，除非得到父親認可，否則不能解放。

有一次，雅柏絲族人與盜駱駝的入侵者奮戰，安搭拉不願參戰，他說：「奴隸不懂如何作戰，他的工作只是擠駝乳、綁駝奶。」他父親因此使他成為自由人。他深愛表妹雅柏拉（Abla），因黑奴身份不能如願，但他靠著自己的英勇，得到族人尊敬。最終，他死於與鄰族泰依族（Tayyi）的戰爭中，其作品以擅長描述戰爭而聞名。

「看那永恒的七金詩」：七金詩（The Seven Golden Song），阿拉伯人稱為懸掛詩（Muallagat）。據說，每年一度的烏卡茲（Ukaz）市集，都舉辦最盛大的吟詩大會，獲勝的詩篇，用金字抄在埃及絲綢上，掛在麥加天房（即克爾白，Kaaba），因名之「懸掛詩」。

這種詩作，聞名者有七首，為伊斯蘭前作品，大約是在西元六世紀，內容為敘事的抒情詩，多半描述戰爭與愛情。七金詩的作者如下：Imruu 'l-Qays、Amr b. Kulthum、Tarafa b. al-Abd、Harith b. Hilliza、Antara b. Shaddād、Zuhayr b. Abīsulna、Labīd b. Rabia。

第四章　從遼闊的空無到群山的交集

方飛白這本《阿拉伯的天空》詩集，可謂是以一個詩人和旅行家，乃至探險家，旅居阿拉伯世界「嘔心瀝血」之作。每一首長詩都深植在阿拉伯文明文化的豐厚土壤中，只有對阿拉伯文明文化有深刻理解的人，始能完全了解其詩之深意。筆者不才，只能當方飛白詩的「介紹人」，再推廣、介紹給有緣人。

《阿拉伯的天空》第三輯，是方飛白的沙烏地南遊記詩，其第二篇〈從遼闊的空無到群山的交集〉，也有三首長詩組成，欣賞第一首〈之一：空無之地〉。

魯勃・哈里
一片大空無
用七條緯度十一條經度
圍繞成一片大空無
遠自石器時代

遠自十五萬年前
人類便居住在它的邊緣
原來
空無也隱藏著遠古的消息
所有飛過的沙塵
彷彿都未曾忘記
埋葬在歷史黑洞中的傳奇

魯勃・哈里
一片大空無
千里荒野
枯裂的岩石
流不出一滴水
萬里沙漠
乾燥的沙海
長不出一棵樹
烈日下

羊群低垂著頭找尋著草根
在荒野與荒野之間流放
烈日下
穆拉族人靜默地凝望晴空
在沙海與沙海之間流浪
千年過去
沙塵跟著飄過來
萬年過去
沙塵跟著飄過去
從一處廢墟步向另一處廢墟
生命的內容
只是流浪與空虛
從一處草地移向另一處草地
生命的主題
只是疑惑與猜謎

魯勃・哈里

一片空無的大地
所有飛過的沙塵
彷彿都未曾忘記
埋葬在歷史黑洞中的傳奇

「生命的內容／只是流浪與空虛／從一處草地移向另一處草地／生命的主題／只是疑惑與猜謎」。從表相來看，這可能是全世界目前僅存遊牧民族的共相，但實際內涵誰知道？深悟阿拉伯古文明古文化的方飛白，如此表述，應該是最接近真相的詩記。

但若更深入探索眾生生命的內容（現象），許多大都會的「現代人」，也在都會中流浪，恐怕他們也是「生命的內容……只是疑惑與猜謎。」現在都會中的流浪漢與沙漠遊牧者有何區別？可能更空虛！更可憐！更一無所有！而遊牧者尚有他的族人和牛羊等！

生命的內容，生命的意義，永遠難以言說。大約是在二千年前，楊修問司馬懿：「現在死和二十年後死有什麼差別？」而更早約三千年前，阿基里斯（木馬屠城計中的年輕英雄）問一個女人說：「現在死和五十年後死有什麼差別？」我問：死一個貝都因人和死一個台北人有什麼差別？想必飛白兄也難以言說，但他對這首詩有一些註解說明。

「魯勃・哈里」：魯勃・哈里（The Ruba'l Khali），意即「空無之地」，為沙烏地南方的大沙漠，這片遼闊的大沙海約有六十四萬平方公里（近二十個台灣大）。

「遠自十五萬年前／人類便居住在它的邊緣」：據考古學家研究，石器時代，此區與阿拉伯半島北部那夫德大沙漠（The Great Nafud）四周的綠洲，都發現有人類定居的遺跡。

「穆拉族人靜默地凝望晴空」：穆拉族（Al-Murrab），主要在「大空無區」活動。沙烏地南部尚有其他少數種族：單姆族（Dam）、戈赫坦族（Qahtan）、雅姆族（Banu Yam）、姆該伊族（Banu Mughaid）、瑪爾萬族（Banu Marwan）、瑪阿族（Maad）、瑪利克族（Manu Malik）等等。

人類因千百萬年的遷移，各地區環境差異極大，乃形成許多不同的族群。光是一個小小的台灣竟有近二十個少數民族，有的族根本沒幾人。（台灣對少數民族的認定，有太多政治因素涉入，違反人類學原理，統一後應重新認定。）賞讀〈之二：沙漠中的花園〉。

在大空無與高山群之間

挺立著一位秀麗的姑娘
：可愛的娜姬蘭
這位甜美的小姑娘
是飛沙中的綠洲
自古以來
便是一口解渴的春泉
更是一座沙漠的花園

北葉門與阿細爾高山群
傾注豐富的水源
谷地的兩岸
便唱起生命之歌
圍起無數的田園
結集許多的城鎮
於是
娜姬蘭谷地
便有了

阿爾·瑪法嘉
哈柏娜谷地
便有了
哈夏兒
南方月谷地
便有了

瑪合拉薩
山中深藏著自然的奇景
園裡滿植著豐美的穀物
人們在典雅的泥堡悠閒地生活
人們在蔭涼的椰林愉悅地起舞
世代的人民
為今生奮鬥
彷佛永遠不死
為來世努力
彷佛明日將逝

在節奏明快的戰舞中
在音節流暢的歌聲中
在飛揚奔馳的賽馬中
在勤勉有恒的耕作中
娜姬蘭
化為南方一則豐盛的傳奇

而最美的薔薇
並非一日便開
娜姬蘭
也是從艱困中來
異教的貝都因人
曾走過最迷亂的世代
而敍利亞的聖人：發伊迷優
終於自北方帶來基督的福音
然而人類心志的崩潰
竟引起宗教的大屠殺

杜・奴瓦斯君王
：猶太教的狂熱份子
引領欣亞禮的大軍
逼使娜姬蘭的子民
在猶太教與死亡之間
做出一道生死的選擇題
阿爾・悟赫杜德古城
因而烽火四起
壕溝充滿火焰
填滿殉道者的屍體
而後
羅馬的戰旗飄揚過
波斯的鐵蹄征服過
隨著時代的變遷
諸神不斷在荒野中交戰
雖然
娜姬蘭在今日

是南方最美的神話
過了明日
有誰知道
歷史的惡夢是否重來？
人類的仇恨何時解開？

「羅馬的戰旗飄揚過／波斯的鐵蹄征服過……過了明日／有誰知道／歷史的惡夢是否重來？／人類的仇恨何時解開？」。人命太短，歷史無限長，打開歷史的「時光盒」，地球上每個洲、每個國、每個族，千百年來，都在戰爭與和平、征服與被征服之間，不斷交替輪迴，永無休止的輪迴！

才不久以前，幾百年前吧！駐守阿拉伯巴格達的軍隊是中國軍人（在元朝時），現在是美國軍人，但美國現在自身難保。很難說，「過了明日」，守衛阿拉伯的軍隊，又是中國軍人：中國人民解放軍。

寫本文時，俄烏之戰還在打，「過了明日」，烏克蘭恐將從世界地圖消失，歐洲也在統一和分離間輪迴。神奇的台灣每隔數十年換一主人……大家都說人生無常，其實世界也無常，還是方飛白的解釋深值一看！

「沙漠中的花園」：沙烏地人對他們的城市，都取了別號。例如，因靠紅海稱吉達「紅海的新娘」，利亞德在內陸稱「沙漠的新娘」，娜姬蘭是沙漠中的綠洲稱「沙漠的花園」，法拉珊島近吉然稱「吉然的新娘」。

「娜姬蘭谷地」：娜姬蘭（Najran），是沙國行政區之名，也是當地省會娜姬娜城之名，亦是三大谷地（娜姬蘭、哈柏娜、南方月）之一。其名字來源，說法不一，其字意是「口渴」，大概因綠洲，自古為商旅「解渴之地」故名之。另有人認為，是紀念最早在此定居的娜姬蘭・伊奔・查伊坦（Najran Ibn Zaydan）。

「而敍利亞的聖人：發伊迷優」：發伊迷優（Faymiyūn）。傳說，此敍利亞聖人，首先將基督教傳入娜姬蘭。杜・奴瓦斯君王，為了要此區人民改信猶太教，不惜展開大屠殺，西元五九〇年（回曆十年），穆罕默德派遣哈利德・伊奔・瓦利德（Khaled Ibn Al-Walid）到娜姬蘭，勸使當地人民歸信伊斯蘭。

「杜・奴瓦斯君王」：杜・奴瓦斯（Dhū Nuwas），他是南阿拉伯欣亞禮帝國民族英雄，土霸・阿薩德・卡米爾（The Tubaa Asad Kamil）的後代。西元五二三年，為逼使娜姬蘭人民改信猶太教而大屠殺，後為阿比西尼亞十萬大軍所破，他命運悲慘，眼見大勢已去，自行驅馬入海，沉沒在汪洋之中。賞讀〈之三：山的交集〉。

大空無向西
過了沙漠花園
群山巍巍然昇起
一湧而現的山峰
橫越數百里路
彷彿在某個世代的一天
因緊急的號角聲
全部趕來集合
參加這任務不明的行列
然而
守候著
守候著
不知為了什麼
群山至今未歸

萬山之中
有雄偉的斷崖峽谷

與四散聳立的怪石
萬山之中
有終年翠綠的松柏
與飄泊不定的流雲
彷佛飛出阿拉伯的疆土
步入中國的山水間

在阿拉伯半島與二十世紀
交集而成的時空
我如一隻小蝶飛過
眼見這一片山峰
眼見這一片怪石
眼見這一片翠綠
眼見這一片迷濛
宛如重回洪荒的世紀
追尋著絕種的恐龍

在阿拉伯半島與二十世紀
交集而成的時空
我如一隻小蝶飛過
思考這一列空山
思考這一片漆黑
思考那一輪新月
思考那一顆孤星
宛如重回渾沌的時代
追尋不可知的未來

這是詩人身處曠野群山之中，感受到自己的渺小。「在阿拉伯半島與二十世紀／交集而成的時空／我如一隻小蝶飛過……宛如重回渾沌的時代／追尋不可知的未來」。每個人在這人海世間，只是數十億人之一，放眼看群山、大海、星空，自己有如一粒沙塵，這是詩人對生命的深悟！

「彷彿飛出阿拉伯的疆土／步入中國的山水間」。中國這塊大地，古稱「神州」，眾神賜給中國人生活的土地，是中華民族生生世世的生存基地，據有地球上最好的「地緣戰略」位置，中國有地球上所有的好東西，完全可以自給自足，不求於外。這是一塊人間寶地，難怪阿拉伯群山都想飛來中國，成為中國山水。

「山的交集」：沙烏地西南部亞細爾省（**Asir**）省會阿布哈（**Abha**），高山群集。因地勢高，氣候良好，景觀優美，沙國政府在此建設多個國家公園，園中怪石林立，也有公共設施，供郊遊野營的人們使用。

第五章　法拉珊的星空與海岸

往昔我對阿拉伯世界的理解，只有「阿拉伯神燈」和「辛巴達七航妖島」，這些都是小時候聽過的故事，餘所知有限。再來就是近十多年來，偶爾酒足飯飽之際，聽方飛白說他旅居阿拉伯各國的奇聞美談。

這回透過「進出方飛白的詩」的機會，徹底把他的三本詩集重新梳理，好像我也跟著他的作品「進出阿拉伯」一回，也算「神遊阿拉伯」。我發現一個，從未聞未見的阿拉伯古文明文化，有如看到一個「失落的世界」之重現，豐富、深邃、奇異，像「神燈」之吸引人心思。本章要欣賞的是《阿拉伯的天空》第三輯，第三篇〈法拉珊的星空和海岸〉，一首〈之一：一路盡荒煙〉。

在拉瑪旦的尾聲起程
從紅海新娘的懷中掙脫
飛奔向沙霸女王的南方

為了探訪曾經繁華過的廢墟
為了凝望曾經燦爛過的往昔
從吉達向遙遠的吉然
路
筆直地
向荒野蔓延
在失去方向的瞭望中
所見盡是藍天與黃沙

面對數百里的荒涼
沙塵以清一色的面容相迎
千萬年來
颼颼的風
黃黃的塵
在沙暴翻騰的空中
曾引多少流浪的靈魂

走進死亡寧靜的牢籠

面對數百里的冷漠
ABBA 合唱團為我唱：
I HAVE A DREAM
但我不是橫渡溪流
而是一片大荒野
但我看不到神話中的驚奇
只望見荒蕪的大地
在荒草稀疏的曠野裡
人如何領悟未來的意義
在死亡陰影的覆蓋中
人如何與死神對敵
在不斷延伸的原野
偶爾也出現
蒙面的牧羊女
孤單地守候著羊群

也守候著過往的歲月
青青便靜靜地與沙塵
一起飛散在空中
緊緊地藏在黑紗內的是
貝都因的傳統
在不斷延伸的原野
偶爾也看見
一片美麗的沙丘
一排荒涼的禿山
一隻流浪的野驢

沙丘孤單地美麗著
散發著迷人的魔力
引誘旅人的心思
禿山堅強地聳立著
標示著大地的方向
守望與衰無常的歲月

野驢搖著尾巴
在乾河谷中徘徊
彷彿一則流浪的故事

原野繼續延伸著
車急速地飛馳
小樹隨著往南的速度
漸漸地長高
過了晚禱的時刻
黑夜的浪潮緊緊地湧來
而南方也漸漸地走來
吉然的身影在夜的盡頭閃現

「在拉瑪旦的尾聲起程」：拉瑪旦（**Ramadan**），即回曆九月，通常稱為齋戒月，其間白天，教徒們不飲、不食、不抽煙、不近異性，但病人、老人、兒童、旅行者等例外。據說齋戒月的最後十天中的某晚上，是安拉對穆罕默德下降古蘭經的夜晚，《古蘭經》第四十四章第三節即稱此夜為「吉慶的夜」；在第九十七章第三節稱此夜「優過一千個月」，第四、五節記載：「眾天使與魯哈在那夜奉主的命令為各事而下降。安寧！直到破曉。」

吉然（Jizan）：沙烏地最西南角的城市。

「I Have A Dream」：這歌的第一段歌詞如下：

I have a dream asong to Sing To help me Cope with anything If you see the wonder of afairly tale.

You can take the future even if you fail I believe in angels Something good in everything I see

I believe in angels when I know the tie is right for me I'll Cross the stream I have a dream.

身處極特殊環境（如大海、荒漠、戰場、死亡威脅等），較易於使人反思人生的意義等。如司馬懿和阿基理斯質問：「現在死和幾十年後死有何差別？」這是千古沒有答案的疑問，人就這麼活著！活著！

而方飛白身處「一路盡荒煙」時，他的詩也質疑著，「人如何領悟未來的意義／在死亡陰影的覆蓋中／人如何與死神對敵……」。過去的意義、現在的意義、未來的意義，是否有意義？乃至意義是否真的存在？

多年來我思考這個命題，得到一個較合乎科學和現實的答案，即是只有短期（如百年內或數百年）的意義和價值。例如，某人活了一輩，寫了二百本書，他有生之年是有意義和價值的，數百年內仍有人看也是意義和價值，但千年、萬年後，一切俱滅，意義價值都不存在了！

所以，人生的一切，只有暫時的意義和價值，沒有永久性，更無永恒性，說的更現實些，兩腿一蹬，對死者而言「地球是不存在的」，還有什麼意義和價值。正如《金剛經》所述：「一切有為法，如夢幻泡影，如露亦如電，應作如是觀。」只是，不知道《古蘭經》、《聖經》等，怎樣解這些人生的謎題。各宗教都有不同看法，賞讀〈之二：傳道的貝都因人〉。

拉瑪旦過後第一天
吉然的清晨天色仍暗
街道還未醒來
卻已聽到遠方傳來開齋的砲聲
在砲聲交響中
生活的步調將重新安排

人的心境宛如重生

藍天下
軍艦向法拉珊前進
船尾劃出長長的一條水道
向吉然的陸地話別
水鳥悠然地飛翔

船艙中
一位年輕的貝都因人
熱情地對我說伊斯蘭的創世紀
眼中充滿真的光輝
彷彿在述說
他親身經歷的故事
他熟悉而莊重地引著古蘭經文
配合精巧的手勢敍述著
安拉如何造化天地

以地為棲息之所
並造地面上的一切
以天作覆蓋
：完整的七重天
並造日月星辰
敍述著
安拉如何造化人類
夏娃如何因魔鬼引誘
偷食無花果而遭驅逐
亞當的後代如何成長
而無情的大洪水如何到來
敍述著
不歸信的人
入天堂比駱駝穿針眼還難
火獄為他們預備諸種苦刑
火衣已裁製妥當
沸湯也將傾在他們頭上

且溶化他們的肌膚與肚腸
敍述著
歸信的人們
可進入有河流的天園
那兒看不到太陽與嚴寒
有活泉有高榻
穿錦鍛飲美酒
用的是水晶般的銀器
有如玉般的美女
永遠不老的青年
那兒聽不到虛偽與罪惡
只有平安
人們將在恩典中享福地
永生不死
……
年輕的貝都因細說著
熟悉而莊重地引著古蘭經文

配合著精巧的手勢
我在他毫無疑惑的眼中
望見一種宗教的力量
因而竟無法開口告訴他
我是無可救藥的異教徒

試思中古千年的光輝
歐洲正是最黑暗的時代
當伊斯蘭自穆罕默德口中傳開
百年之間
便跨越歐亞非三大洲
向東越過波斯、印度
越過中國向更遠的東方
向西橫渡紅海、直布羅陀
橫渡地中海向更遠的西方
試思中古千年的光輝
哈龍王與馬蒙王的宮庭

曾經集如星河般的學者、藝術家
開創了天方夜譚式的人間神話
令法蘭西的查理曼大帝
和中國的唐玄宗皆為之失色
阿維西納和阿爾・浪奇
是中古最傑出的醫生作家
奧馬開儼的《魯拜集》
早建立世界性的威名
費爾達悟喜的《帝王之書》
也使他成為波斯的荷馬
塔巴理和馬素迪
成為百科全書式的大史家
穆塔拉比和盲詩人瑪雅禮
抵達了阿拉伯詩的最高峰
阿爾・金第和阿爾・法拉比
從神的辯證中走入理性的哲學
而那西起西班牙摩爾族的紅宮

東到印度的泰姬瑪陵的建築
仍在現代閃耀著歷史的光芒
試思中古千年的光輝
伊斯蘭如同其他文明
在人間創造無數的奇蹟
即使在文明最淪落的年代裡
人們仍可以在歷史找到光明
並且得到重生的力量

藍天下
船艙中
年輕的貝都因
彷彿一無所有
而我在他純潔的眼中
卻望見一種莫名的光采
以及無限的可能性

世上種種宗教，很多提到「不歸信的人」，會面臨許多苦難刑罰的「威脅」，只有佛教沒有這樣的威脅，佛教只從因果談問題，自己造了惡業，就得自己收惡果，佛也救不了你！

許多宗教也提到「歸信的人」有多少利益，如飛白詩中說的「有活泉有高榻／穿錦緞飲美酒／用的是水晶般的銀器／有如玉般的美女……」這是死後上升天國才有的享福。佛教也沒有這樣的「鼓勵、誘引」，但佛教有個「西方極樂世界」，那也要靠自己的修行，並不是信佛就一定可以往生極樂世界，如提婆達多雖出家信佛，卻因害佛罪行下了地獄。（趣者可自己查閱佛經或上谷歌看）

這首詩一再提到「中古千年的光輝」，這一千年間是伊斯蘭教（在中國叫回教或清真教）的黃金時代。所謂「中古時代」，一般始於五世紀羅馬帝國滅亡（亡於四七六年），終於十六世紀宗教改革，這段時間在歐洲是「黑暗時代」。而在中國，約是南北朝到明朝。方飛白在詩中提到偉大的事蹟，都發生在這千年之內。

很可惜的是，從工業革命之後三百多年來，整個地球似乎只有西方列強的基督教文明，不僅控制了整個地球，也給人類帶來三百年災難，至今仍沒完沒了；好像地球上沒有別的文明，只有基督教文明，伊斯蘭世界被西方列強打壓得最慘。但現在伊斯蘭教是全世界人口最多的宗教，這是奇蹟，真主安拉的奇蹟！

幸好，在二十世紀伊斯蘭出了一個偉大的信徒英雄，賓・拉登，他發動「九一一」聖戰，給美帝為首的西方列強一個教訓，他們才會學乖。賓・拉登是安拉子民阿拉伯民族的英雄，也是「第四波戰爭」開山鼻祖。（註一）

為了解伊斯蘭教最初的起源，我到位於台北新生南路的中國回教協會（台北清真寺）問道，一切都從穆罕默德聖人（簡稱「穆聖」）開始。

穆聖誕生於西元五七〇年八月二十日，自幼父母雙亡，少年牧羊，後習經商，他誠實公正，雖為文盲，仍被眾人尊稱「阿敏」（Amin 值得信賴的人）。年四十，在麥加希拉山洞沈思時，真主差遣天使命他誦唸古蘭經文，自此開始受命傳教，宣揚真主獨一，歸順真主的正道。

在麥加傳教初期，族人百般利誘迫害。因此西元六二二年七月十五日被迫遷徙麥地那，當地人誠懇支持，不久皆歸順伊斯蘭教。伊斯蘭曆法即以遷徙之年（六二二年），為伊曆（或中國叫回曆）元年，按此推算，西元二〇二二年，即回曆一四四二年，佛曆則為二五六五年，以回曆最年輕，全球教徒最多已達十七億人。

穆聖於伊曆十一年三月十二日歸真，（此日是西元六三二年六月八日）。穆聖以二十三年時間，使阿拉伯半島人民都皈依了伊斯蘭教，這是往昔聖人做不到的奇蹟。而這二十三年間，真主降示給穆聖、也是給全人類最後一本天啟經典，《古蘭經》。

「哈龍王與馬蒙王」：哈龍干（Haran al-Rashid），為阿拉伯史上阿拔斯王朝第五任君王（西元七八六—八〇九年）。他在位期間獎勵各種學術研究，提倡藝術，任命賢相雅賀雅（Yahya）致力政務，開創伊斯蘭最偉大的盛世偉業。《天方夜譚》故事中，描述他是慷慨寬恕的君王，威爾．杜蘭（Will Durant）認為，相較於同時代，君士坦丁堡的愛琳女皇、法蘭西的查理曼大帝、中國的唐玄宗，無論財富、權勢、文化等，哈龍王都要超越一大截，不知現代史家如何評述？

馬蒙（Al-Mamun），承接哈龍王偉業，對科學、文學、哲學更為支持，也更有成果。他在位期間，自由思想蔚為風尚，各宗教得以自由傳教，他自己也和各教派交流，辯論神學、法律諸問題。賞讀〈之三：失落的珍珠〉。

法拉珊！
法拉珊！
紅海的小浪人
法拉珊！
法拉珊！

珍珠的孕育者
在南方的哈蒂瑪海外
妳已經流浪了多少世紀
宛如阿拉伯半島
失落的一串珍珠
埋藏的一則傳奇

妳的海岸
拍打著孤獨的浪潮
浪花用白色的姿勢
跳躍著永恒的舞步
在奔騰的歲月中
是否有歸來的歌聲
將在海貝的唇間唱起

妳的星空
閃爍著孤獨的星光

曾指引了多少水手的迷途
海潮捲來發光的小生物
宛如天星落海的化身
如今在海洋中浮沈
牠似乎想用光芒來印證
曾經璀璨的前生
那是一則從天入海的故事

法拉珊！
我的小情人
在妳的懷中
今夜向妳傾述
我的生命中
也有一座島嶼
也在海中流浪
不知何時歸去
那是我生命中的哀歌

永無結束的悲劇

法拉珊！
我的小愛人
在妳的懷中
今夜與妳細語
忘記明日的別離
看不眠的星空
聽永恒的海潮
多少年後
我仍會清晰地記起
妳紅紅的唇印
在遙遠的海中

法拉珊（Farasan），為沙烏地西南部吉然外海的一座小島，故又名「吉然的新娘」，盛產珍珠。查閱地圖，這是群島，名「法拉珊群島」，位於紅海中，距沙國陸地約四十公里。

據聞，每個男人心中都有一個「夢中情人」，尤其詩人浪漫，可能夢中情人不止一個。林志玲姊姊一度是我的夢中情人，可惜她嫁了倭寇，毀了她自己說過的一句話，「我也是中國人」，我的夢也毀了。幸好，我又找到「夢中情人」，她是我的「小金庫」。

通常男人心中所謂的「夢中情人」，定是指某位存在的女生。但把一個地名：如這座法拉珊島，稱情人「法拉珊／我的小情人／在妳的懷中／今夜向妳傾述……法拉珊／我的小愛人／在妳的懷中／今夜與妳細語……」。還是少見，我則未聞，一座島，並非真人，不能牽牽小手，不能親親抱抱，何樂之有？

惟詩中「今夜向妳傾訴／我的生命中／也有一座島嶼……那是我生命中的哀歌／永無結束的悲劇」。這所指為何？身為老友的我竟解不出……定要找機會聊聊，人生面臨一切悲喜生死，都要釋懷！都要放下！

註釋

註一 陳福成，《第四波戰爭開山鼻祖賓拉登》（台北：文史哲出版社，二〇一一年七月）。

第六章　永恒的駝鈴與祈禱聲

《阿拉伯的天空》有三輯。第一輯見景是泰國和沙烏地風景，第二輯傷情集等於是他所碰到感情的詩寫，主要在愛情和友情。無論如何（結果）！詩人認為這才是生命中真正值得永久留念感念的，可見詩人是多麼重感情的人。看來他放下許多要事要物去天方流浪，而沒有放下的是感情，尤其是愛情！

他引余光中在〈蓮的聯想〉所寫：「情人生／情人死／而不死的是愛情」。在方飛白心中，愛情也是不死的，永在的！

第三輯荒野集就是一首長詩，〈阿拉伯的大荒野：沙烏地南遊記感〉，這首長詩約有四、五百行，為方便解讀，本書區分三、四、五、六章概述之。本章只是這首長詩的尾音，賞讀〈之一：橫越歷史的沙海〉。

從荒涼的世代
駝影便存在

橫越廣闊的沙海
連接文明的臍帶

在乾枯的大地
駝影常存在
橫越淒寒的沙海
連接世界的情愛

到未知的將來
駝影仍存在
橫越時空的沙海
連接未來與古代

千古以來
堅毅的駝影
經歷多少險惡的風沙
看過多少時代的興衰

在光明與黑暗的交替中
終必橫越歷史的沙海
在存在的最高峰
聳立起勇猛剛強的身影

詩人身處無邊的沙海，感受到天地古今皆茫茫，那些已經過去的駝影，都是曾經的存在。但「到未知的將來／駝影仍存在……」此則未必，打開地球生命史，撒哈拉、大戈壁，乃至許多高山（含台灣所有高山），也曾經是海洋，地球上滄海桑田之變換，從未停過。目前科學家正在警告，北極冰山融化，海平面上升，沙漠變海洋，正在人類眼前成為可能，甚至很快就可見到！

「千古以來……終必橫越歷史的沙海／在存在的最高峰／聳立起勇猛剛強的身影」。這裡意象有些不明，似乎說無限的未來、再未來，一切存在都必須「橫越歷史的沙海」，接受無盡時空的考驗，都要勇於面對。賞讀〈之二：山谷中的祈禱聲〉。

黑夜漸漸地來臨
如輕柔的面紗

覆蓋大地美麗的臉龐
山風也在趕路
趕向祈禱的聖手
燈火自黑暗的山谷
張開明亮的眸子
為黑夜的行者引路

招喚禮拜
招喚禮拜
聲音自喚禮台高聲地傳開
流浪的生靈全部甦醒
參加莊嚴的禮拜
群山是雄偉的黑騎士
莊嚴地並排
面向麥加虔誠地參拜

山谷裡的燈火

映照著祈禱的雙手
祈禱向神秘
雙手舉向神秘
向蘊育玄想的神力

山谷裡的燈火
映照著祈禱的雙手
祈禱向天空
雙手舉向天空
向運轉星河的神奇

山谷裡的燈火
映照著祈禱的雙手
祈禱向大地
雙手舉向大地
向幻化天地的母體

山谷裡的燈火
映照著祈禱的雙手
祈禱向永恒
雙手舉向永恒
向開創宇宙的神祇

在莊嚴的祈禱中
夜靜靜地過去
群山並列
送別來訪的異教徒
山風繼續唱起流浪的歌

閃亮的車燈
向前方的黑暗
詢問山谷的曲折
萬重山外
有異鄉人的飄泊居

那祈禱的雙手
是否也向上帝
探問著來世的道路
在時空的流轉之外
是否也有人的歸處？
何處是開始？
何處是結束？
在生死的起落之間
是否也有心的頓悟
何時是開始？
何時是結束？

這是一個異教徒的詩人，看伊斯蘭教徒的祈禱儀式，所引發的感想和疑問。「祈禱的聖手……向蘊育玄想的神力……向開創宇宙的神奇……」凡此，都是詩人個人的想像，他所見只是儀式之表相。所以，詩人最後有很多疑問，「何時是開始？／何時是結束？」等，都是永遠的、沒有答案的提問，神也不知道！

而事實上，地球上各宗教都有不同的祈禱儀式和內涵，例如教徒在敬拜什麼（或誰）？他們做什麼「功課」？按台北清真寺的簡介說明，穆斯林僅敬拜造化、調養宇宙萬物，掌管今後兩世，獨一無二的真主。不拜任何聖人、偶像和神祇。阿拉伯文稱真主「安拉」，意是獨一無二、永恒不滅的主宰。因此，伊斯蘭教徒有五大功課：

㈠唸：誦念「清真證言」，宣示「宇宙無應受拜之主，唯有真主，穆罕默德，是主使者」。

㈡禮：每天五次禮拜（晨、晌、晡、昏、宵）與星期五聚禮日的主命拜功，按時敬拜真主。

㈢齋：每年伊曆九月，奉行一個月的齋戒，每日晨至昏，禁絕飲食、男女、娛樂；虔誠敬主，堅忍自省，去慾止惡並行善。

㈣課：每年結算財產一次，以富餘總值的四十分之一出散天課，濟貧扶弱，用於合乎教法的慈善工作，善盡富者社會責任。

㈤朝：如能力、條件足夠，一生需到阿拉伯半島的聖地麥加朝覲一次。

伊斯蘭教徒除了有「五大功課」，尚有六大基本信仰：信真主、信天使、信天經、信聖人、信後世、信前定。按此基本信仰，其後二者（信後世、信前定），則有些很類似佛教的因緣法。賞讀〈之三：在永恒裡幻滅〉。

奔馳在黑色的午夜
也奔馳於思維的世界
誰將在時空中幻滅？

奔馳在黑色的午夜
也奔馳於思維的世界
人在時空中幻滅？

奔馳在黑色的午夜
也奔馳於思維的世界
什麼是幻滅？

奔馳於黑色的午夜
也奔馳於思維的世界
宇宙抽離了人的文明

永恒也就是幻滅？

這首詩做為整本詩集最後的結語，有很深邃的思考，包含哲學、神學、科學層面的思考。「奔馳在黑色的午夜／也奔馳於思維的世界」，說午夜，即非午夜，只是姑且說午夜，真實是詩人奔馳於人生大道上，「一念三千」啊！只一個念頭的剎那思維，已在三千大世界繞了一圈回來了，這是用佛的語言來詮釋。

詩人都喜歡寫永恒，愛情永恒！詩永恒！一剎那便是永恒！因為自古以來寫詩就是「苦思」之苦差事，為創出經典（如方飛白這首長詩），頭髮都「磨」白了，能不永恒乎？

而真實的是，宇宙間的一切，「將在時空中幻滅」，也在「永恒」裡幻滅，包含星星月亮太陽，在未來數十億年後，也是「死路一條」。這首詩的思維比較接近佛法上的因緣法，一切都在生住異滅、成住壞空裡輪迴，生生死死，死死又生生！一個文明又一個文明的過去。

當這一期的地球文明過去了（幾億年後），下一期文明出現了，那時的「智慧生物」，還能發現上一期文明的證據，想必只有一個叫方飛白的詩，其他早已幻滅，如他的一首詩。

每當詩作要結集
便感覺
好像在安排
一次葬禮
每首詩
都是一位君王
深深地埋入
高高的金字塔裡

億萬年後
在遙遠的星際
將有文明的盜墓者
接收到詩的訊息
以解答宇宙的謎題
被挖出的木乃伊
將在星座之間

展現不朽與神奇
而未被發現的
將在濕冷的地底
永遠地安息

一九八七年元月二十二日
於沙烏地阿拉伯王國

是詩人創作的慎重和期許，出版一本詩作，有如把作品埋入金字塔，只有兩個結果：一是被發現挖出（讀者傳誦），一是未被發現（永遠沒有人讀）。

不必等億萬年後的「文明盜墓者」，此刻我早已「接收到詩的訊息」，把方飛白埋入金字塔的詩，尚是「新鮮的木乃伊」，都一一的挖出，呈現給這一期的文明人欣賞！

第二部　紅海　飄泊　紅玫瑰

方飛白與林日東總經理於約旦旅途中

方飛白於約旦安曼·夏爾飛雅清真寺前留影

第七章　紅玫瑰組曲：愛情的追尋

第二部的《紅海飄泊紅玫瑰》，台北俄羅斯出版社（一九九四年五月）。這本詩集區分紅玫瑰、飄泊、紅海、波斯共四個組曲，也就是四輯，有詩三十多首，大多是頗長的詩或組詩。我按方飛白原詩集的四個組曲，為本部之七、八、九、十章，介紹賞讀之。

〈紅玫瑰組曲〉有七首詩，以〈綠門紅玫瑰〉最長，近百行的長詩。綠門應該是一個夜店，詩人寫成一首深情脈脈的長詩，如最末的「從阿拉伯半島／飛渡遼闊的印度洋……而我將深深地愛妳／在心靈遙遠的重逢／而我將深深地愛妳／在異國飄泊的夢中」。在我心中，飛白是情詩一把手，幾乎是「現代徐志摩」，往後可以看到更多飛白的情詩，濃得化不開。這章先從組曲中，選讀數首欣賞，〈舞與玫瑰〉。

：給燦爛的玉

荒涼的沙漠
如何開艷麗的花朵
我夢中的玫瑰
在無邊的荒蕪中
幻成一座小小涼涼的綠洲
有明玉的晶瑩
心靈已在甦醒

未識的浪人
如何來親切地相逢
我夢中的玫瑰
在無際的沙石間
雕就一座昏昏黃黃的舞池
有紅艷的飛閃
燈火已在燦爛

飄泊的愛人

如何會熱情地相戀
我夢中的玫瑰
在無窮的時空裡
編織一座溫溫暖暖的伊甸
有金銀的輝煌
思維已在發光

手紋觸摸著精神的燈火
韻律起伏如連綿的山脈
在孤獨中追尋一點微紅
熱情四散如出擊的雷電
在寂寞中迸發一絲光芒
沙漠戀歌便自由地輕唱

前三段的結構一致，形式和語言都以情詩呈現。那麼「情人」何在呢？「給燦爛的玉」，這「玉」又是誰？也許只是荒涼的沙漠、一片綠洲，那是「我夢中的玫瑰」，她是「未識的浪人」、「飄泊的愛人」。詩人就在沙漠中，與沙漠美景相戀，這是詩人的浪漫情懷！

「舞與玫瑰」，這又是誰在跳舞？原來只是「夢中的玫瑰／在無際的沙石間／雕就一座昏昏黃黃的舞池」，想像玫瑰在沙漠中，迎風起舞，詩人就在其中編織戀情，唱著自由的戀歌，這是詩人的想像力長出了翅膀。另一首是〈如果〉。

如果我是山谷的蒼鷹
我便以鋼爪鈎起一道光明
展現山水青翠的身影
給我的卿卿
給我的
小
精
靈

如果我是花園的園丁
我便以愛心灌注一朵玫瑰
奔放春天芬芳的多情

給我的卿卿
給我的
小
精
靈

如果我是天空的雷霆
我便以刀叉割下一塊夜景
包含午夜燦爛的繁星
給我的卿卿
給我的
小
精
靈

如果我是宇宙的神靈
我便以五彩雕塑一座星雲

閃亮銀河絢麗的眼睛
給我的卿卿
給我的
小
精
靈

可愛的情詩，寄給心愛的女生，必能獲得芳心。這首詩也有意象鮮明的詩語言，如「以鋼爪鉤起一道光明、以愛心灌注一朵玫瑰、以刀叉割下一塊夜景、以五彩雕塑一座星雲」，而且想像力豐富。

連續出現四次「小精靈」，刻意的排列，表示對小精靈的「特別待遇」，突顯小精靈在詩人心中有不凡的地位。不管這個「她」是誰？一定是詩人寵愛的小情人。另一首〈金色巴黎〉。

步入金色的巴黎
自蒼翠的山河
是否為了

一首遺忘的戀歌

步入金色的巴黎
自燦爛的夜華
是否為了
一則失傳的神話

步入金色的巴黎
自流浪的思維
是否為了
一朵血紅的玫瑰

我該追尋
追尋
戀歌般的柔情
我該追尋
追尋

神話般的光明
我該追尋
追尋
玫瑰般的輕盈
我該追尋
追尋
流雲般的清靈

步入金色的巴黎
自輕柔的琴韻
是否為了
一片艷麗的流雲

眾生都在「應然」和「實然」之間掙扎、搖擺，詩人也逃脫不了這個「生命困境」。能夠完全按照應然或實然行事，可以說做不到，你我他都做不到，拜登老、近平哥或普丁兄，也都做不到！

應然者，應該要怎樣！例如，要禮義廉恥，做人要誠實，或要出家修行，要努力工作，要孝順父母……都是應該要；而實然呢？實際上你做到了多少？你可能不敢自問，不敢面對自己，因為你走到一條應然的反向路上，前進是禽獸，後退又沒有勇氣。啊！眾生，在實然與應然之間，永恒的流浪！流浪！

詩人此「巴黎」似並非法京巴黎，地球上很多地方也有巴黎，如夜巴黎、小巴黎等。詩人經由「金色巴黎」，反思人生的追尋，人生到底應該要什麼？他的答案是應該追尋「戀歌般的柔情、神話般的光明、玫瑰般的輕盈、流雲般的清靈」。再次論證飛白兄是一個多情詩人，浪漫主義者！一首〈不是流浪〉。

女孩
我到遠方
不是流浪
女孩
我到遠方
不是飄盪

只為了
聞聞

千萬里外的花紅
是否仍像
烈酒般深濃
只為了
看看
千萬里外的愛情
是否仍像
白玉般晶瑩

女孩
我到遠方
不是流浪
女孩
我到遠方
不是飄盪

只為了

想想
千萬里外的紅妝
是否仍像
玫瑰般芬芳
只為了
聽聽
千萬里外的戀歌
是否仍像
春風般柔和

女孩
我到遠方
不是流浪
女孩
我到遠方
不是飄盪
只為了

只為了
唉唉唉
六朝艷麗的歌呀
何時妳已擁
我
空
虛
的
夢
入
妳
溫
柔
的
懷
裡

一首浪漫的情詩（歌），若有人譜曲，應該也是一首動人心弦，並廣獲傳唱的情歌。詩人刻意採用短句，簡潔有力，意象鮮活，頗有境界，且詩語言高雅，如「白玉般晶瑩、玫瑰般芬芳、春風般柔和」。凡此，均展現詩人創作的功力。

「不是流浪」，流浪沒有明顯的目標，所以「我到遠方／不是流浪」，只是太想妳，要投向妳的懷裡。這個「妳」：她，一定是感動的，愛情立即升溫，再另一首〈戲劇〉。

人生是一幕幕多彩的戲劇
在奇幻的流轉間
漸漸地遠去

愛情是一朵朵純潔的白蘭
在清靈的芬芳中
飄飄然相遇

而妳是一陣陣柔美的微風
在無限的時空裡
輕輕地飄逸

人生如戲，戲如人生。每個人的一世都是難得且唯一，下一世再來，好友親人都不識（因為喝了孟婆湯就忘了前世所有記憶），一切都要重來，所以人人珍惜此世。

因為只有一世，大家都努力把這一世的「戲」演好，最好能夠達到「自我實現」的境界。但一切都是因緣，人生也好，愛情也罷，都在因緣海中流轉。

第八章　飄泊組曲：從紅海之濱到死海之畔

〈飄泊組曲〉輯，有八首詩：〈飛翔的聯想〉、〈從紅海之濱到死海之畔〉、〈夜的思念〉、〈家書〉、〈沙暴〉、〈夜之鬼〉、〈金狼堡之夜〉、〈夜之巡邏〉。這些作品保持飛白一貫的風格，有高度想像力、唯美浪漫和神祕性。

這八首詩中，以〈從紅海之濱到死海之畔〉最長，分為七大段，寫的是約旦記遊。筆者認為這首最有紀念性，因為是方飛白身歷其境的遊記，這是人生最真實的記錄。所以本章以這首為主，分段欣賞，其〈之一：黎明時與紅海的浪花齊飛〉。

自現代啓航
飛向歷史的長廊

自現代啓航
飛回歷史的殿堂

自燈火熣燦的紅海
飛回《聖經》傳奇的年代
自紅海的新娘藝術的都城
飛向約旦王國的古老滄桑
從死海之濱
遠望以色列的雲山蒼蒼
從安曼之晨
馳往阿卡巴的黃昏茫茫

黎明時
與紅海的浪花齊飛
自一九八三啓航
飛向歷史的長廊

黃昏時
與紅海的浪花同遊
自一九八三啓航
飛回歷史的殿堂

按飛白的說明，今年（依詩述應是一九八三年）七月十日，沙國齋戒日，公司放假三天。十一日晨與三位同事乘約航到約旦首都安曼，再租計程車到嘉拉茜（**Jarash**）看羅馬時期的廢墟，到死海嘗一嘗別有一番滋味在「舌」頭的「海味」。十二日凌晨由安曼出發，經佩特拉（**Petra**），騎馬入山，欣賞玫瑰紅城（**Rose Red City**），這是史前那巴特人（**The Nabataens**）鑿山而建的城市，有神殿、墓室、石屋保藏室等遺跡。之後，到紅海頂上的阿卡巴（**Aqaba**），有迷人的海灘風光。

十三日晨，經馬安（Maan）返安曼，到各山頭看古跡、博物館，當日下午搭約航七〇〇班機返吉達，在燈光燦爛的夜市中，結束假期，但詩人留下這首「約旦記遊」，詩是不會結束的，詩永遠留在歷史中。

「自紅海的新娘藝術的都城」：沙烏地人稱吉達市為「紅海的新娘」，又稱藝術之城，因吉達市區聳立許多雕塑品，如王儲阿布杜拉行宮前的巨大銅花，「星座與生命」，國防部長蘇爾坦親王巨宅附近代表權力的「大拳頭」，這些是有代表性的。

橫越巴勒斯坦路天橋邊，寫著「阿拉」的巨大雕像，以及沿紅海的海濱公路上無數的雕塑品。入夜後的公路兩旁，如龍飛蛇行的燦爛燈火，將雕塑品映照得更綺麗柔美，使夜吉達像一座藝術之城。

吉達的阿拉伯文原意是「老祖母」（Jaddah），即人類的老祖母：夏娃姑娘，沙國國防航空部西區指揮部附近，有一古墓，傳說即夏娃之墓。最早提到夏娃墓，是吉達學者伊德里斯（Idris，十二世紀中葉），另伊奔·杜拜伊（Ibn Jubair，十二世紀末葉），提到他的親身經歷說：「在吉達有一年代久遠而高偉的墓地，傳說是夏娃到麥加途中休息之處。」這是有歷史可考之事。

其他阿拉伯史學家如塔巴里（Tabari）、馬素迪（Masudi）等，也都提到夏娃之墓在吉達。由於《古蘭經》禁止崇拜偶像，沙烏地建國者阿布杜・阿濟芝國王（King Abdulaziz），於一九二八年下令摧毀墓園，今只見四面圍著低牆，門面不大風光，似乎沒有重建的跡象。

方飛白的詩，隱涵許多阿拉伯世界的古代史(及傳說、神話等)，說實在的，不看說明解釋，吾等異邦人很難理解。賞讀〈之二：安曼我們已醉入妳多山的柔懷〉。

安曼
這山城
這山城的神奇
惟有美酒可以相比
喝杯
茅台酒
乾杯
白蘭地
古老的山城
我們已微醉　在

妳懷裡

安曼
這山城
這山城的神奇
惟有美酒可以相比
在這古來征戰之地
妳依然保持了樸素的美麗
山城的美麗
是小村姑的美麗
在這丘陵起伏之地
妳仍舊留存著鄉村的情意
山城的情意
是小愛人的情意

安曼
這山城

這山城的神奇
惟有美酒可以相比

把約旦首都安曼，以「小村姑的美麗、小愛人的情意」形容，這是多情詩人的風格和特色。但「惟有美酒可以相比」，則要發揮聯想力了，是否安曼人都是酒仙？而一座城市和美酒同台相比，似乎不對稱。賞讀其〈之三：嘉拉茜的壯麗與哀愁〉。

嘉拉茜！
嘉拉茜！
羅馬的眾神聽著
你們在寂寞了千年之後
荒原的野風
招喚我追尋的眼眸
遙望妳破碎的群山
嘉拉茜！

嘉拉茜！
羅馬的眾神聽著
你們當入罪永恒的煉獄
莊嚴的殿堂
華麗的宮殿
開闊的劇場
高聳的門牆
當年如花美貌
消失在戰後的群山
隨同哭泣的野風
與春水付東流
在大地絕版
嘉拉茜的壯麗而今安在？

嘉拉茜！
嘉拉茜！
羅馬的眾神聽著

你們當入罪永恒的煉獄
殘破的列柱
橫躺的雕石
古舊的墓場
荒蕪的花園
以受創的心靈
斜依在凋零的山間
聯合呼嘯的狂風
以歲月為見證
向歷史控訴
嘉拉茜的哀愁如何
解開

「嘉拉茜的壯麗與哀愁」：中東地區有三處古典時期留下的大城市，分別是敍利亞境內的帕爾米拉(**Palmyra**)、約旦境內的佩特拉(**Petra**)和嘉拉茜(**Jarash**)。帕城在沙漠邊緣，佩城在也頓（**Edom**）群山之間，嘉城位於水源豐富的山谷。前二者因各時代統治者不同而有不同特色，嘉城則純粹由羅馬人設計的城市。

嘉城廢墟，由德國旅行家西特仁（Seetzen）於一八〇六年發現後，參觀的學者、旅行家才增多。第一次世界大戰後，約旦古跡部才對此區產生濃厚興趣，一九二〇年開始大規模進行考察研究。

「羅馬的眾神聽著／你們當入罪永恒的煉獄」。羅馬是天主基督諸神的軍事基地，這表示嘉拉茜的災難是天主基督（早期天主和基督不分）製造的。而事實上，西方世界一千多年來，不光製造「嘉拉茜災難」，幾乎所有戰爭（侵略）都是基督教發動，在地球上製造的災難，罄竹難書啊！再來〈之四：永恒不死的死海〉。

一路上
炎烈如火的陽光
如閃亮的刀劍
向藍天揮舞
一路上
憂愁滿面的山脈
如送葬的行列
向死海伸展

蒼白枯黃的群山
如死海的墓碑
臉上寫著死亡
而千古以來
死海的浪濤
拍打著永不止息的回響
吟唱著永恒世代的歌聲

今日我來就山就海
妳便悠悠然自《聖經》中復活
且翠綠到我眼前

迷失的羔羊
引導牧羊人
走向開啓歷史的第一洞
牧羊人的石頭

便敲開《舊約》神秘的傳奇
征戰的荒亂中
猶太的智者
不忘保存文化的根
千年之後
死海卷軸
開始與世人對話
敘述出
古老歲月的舊事滄桑
敘述出
征戰年代的豪情憂傷
歷史的記憶
在死海之濱
神秘而遙遠的矇矓中
逐漸逐漸重現

千萬年後
死海的浪濤
仍將保存永不磨滅的記憶
仍將盛開永不凋零的浪花

「死海」，據聞因鹽份太高，生物不能生存，故名「死海」，但其海亦將死，近幾年來，科學家已多次警示，未來約四十年內（約本世紀中葉），死海將全部乾枯，沒有一滴水存在，死海正式宣告「死亡」。這是一九八〇年代，任何人所料想不到的事。

而「千萬年後／死海的浪濤／仍將保存永不磨滅的記憶／仍將盛開永不凋零的浪花」。就當成最美的詩語言欣賞，也是詩人創造唯美的神話！

死海卷軸（The Dead Sea Scrolls）。按方飛白註解，發現地是孤姆蘭（Qumran），位在傑里侯（Jericho）東南數公里的死海岸邊。其發現頗為傳奇，一九四七年夏，兩位年輕牧羊人為找尋迷失的羊隻，其中一位爬到山谷邊緣峭壁，發現岩石上有一圓洞，好奇往內一望，黑漆一片，於是他拿一石塊往內丟，聽到石頭打碎洞中物，他嚇了一跳，趕快離開現場。

隔一、二日，他與另一牧羊人重回現場，兩人爬入洞中，發現岩石縫中有九個甕子，其中一個內藏三卷舊皮革，其上有文字。此三卷（手稿）後輾轉傳到耶路撒冷的美國東方研究學院（American School of Oriental Research），引起各界注意。後又經考古學家與當地貝都因人合作，又發現第二洞、第三洞、第四洞，並找到更多手卷，孤姆蘭一地便以發現死海卷軸，而聞名於世。

飛白作詩如杜甫之「語不驚人死不休」。「一路上／憂愁滿面的山脈／如送葬的行列／向死海伸展//蒼白枯黃的群山／如死海的墓碑／臉上寫著死亡」。如此形容山脈，千古一絕，也很驚悚！死亡意象使人讀著、讀著，心生幾分恐懼，這是詩人的成功。〈之五：佩特拉，妳永恒嗎？〉。

遙遠的懷想
化為群山荒涼

飛馳過炎熱與荒涼
以朝聖之姿
只想見妳
依然風韻的廢墟
存在於山石間

雕著不朽的古墳
馬隊
向西格道上前進
懷想起
征戰歲月的豪情
一線天的河床
是山神恩賜的屏障
聳向藍天的巨岩
以威武的英姿
守護諸神的殿堂

拿巴特的子民
你們尊貴之血

來自何方神秘的部族
你們巧妙的手
將帝國巍然之姿

雕成群山的臉譜
當年眾帝王
已屍骨無存
而神殿猶在
當年楊柳色
已隨風掩埋
而古墓千載
拿巴特的子民
何等睿智
以巨山為殿堂
美麗的彩石
在千萬年後
作艷麗不朽的見證
每一座山頭
高舉著一段永恒
而永恒命定
走最孤寂的路程

往昔蒼翠的谷地
眼前枯黃的群山
昨日飛花的園林
今日風沙的荒原
我想問問
拿巴特的眾神諸王
你們孤寂嗎？
我想問問
佩特拉的古城宮牆
妳們永恒嗎？

方飛白對詩中涉及的古文明文化，也有深入的考證說明。佩特拉（**Petra**）和那巴特人（**The Nabataeaus**），在歷史上有深遠的關係，因為那巴特人是首先在此區定居的阿拉伯遊牧民族，並發展出自己的語言、文字、建築、陶器等文化。其語言為阿拉美語（**Aramic**）的一支，後發展為庫發語（**Kufic**），進而演變為現代阿拉伯語文。

自十字軍東征以來（約西元一二〇〇—一八一二年），此區與世隔絕。直到一八一二年，一位年輕探險家才發現，再進行發掘、保存、重建等工作。現此廢墟，由柏克哈德（Burckhardt）代表英國一學術團體從事各項工作，從嚮導口中得知，更遠的山裡尚有奇異的廢墟，其發現使那巴特人文化得以重現人間。

山裡奇異的廢墟，主要遺跡有方形墓（Square Tombs）、宮殿墓（The Palace Tomb）、方尖塔墓（Oblisk Tombs）、法老女兒宮（Qasr Bint Pharaon）等。

此區山石特具風格，大部份為玫瑰紅，中間夾著黃、白等色紋路，其中赫芝娜（ELKhaznah）區，全部岩石是純玫瑰紅色，在陽光下閃爍，好像它本身發光，佩特拉因而有玫瑰紅城（Rose Red City）之美名。

「佩特拉，妳永恒嗎？」豈不多此一問！宇宙間有什麼是永恒的。現在住著二千三百萬人的台灣，本世紀末前將全部沈入海底，只剩玉山頂一點點浮在海面北望神州，各都會都成了海底廢墟。（註：非筆者危言，可看二〇一九年八月三十一日各報章，科學家的說法。）而再久，萬年後，華盛頓、巴黎、倫敦、上海……整個地球，到處是廢墟！再久，地球是個大廢墟。但，詩人喜歡寫永恒，在永恒中才能織出美美的詩句。接下來欣賞〈之六：紅海皇冠上的小珍珠〉。

賓士兩百是隻狂野的黃獸
追趕四十二度發情的天侯

追趕過
無塵沙塵少人煙
追趕過
千里荒蕪平野闊
追趕過
變幻神奇眾山頭
追趕過
炎炎烈日放烽火
追趕過
追趕過
大地的一切
與我們在時空中
匆匆見過
又回到到荒原悠長的寂寞

飛馳過一路山野
如一條孤單的時光隧道

遠從洪荒的古代
通向阿卡巴的一九八三

阿卡巴！
大海是生命的母親
盛開出嬌柔的浪花
起伏著永恒的韻律
招喚著亞當與夏娃
阿卡巴！
紅海頂端的小姑娘
妳的柔體翠綠如玉
紅海皇冠的小珍珠
將沙漠的熱度放逐

從飛馳的玻璃船中
看穿五彩的海底世界
清涼的浪花潮

秀麗的珊瑚灣
眼神在這小天地
追尋美女眸中的流螢
阿卡巴在漫漫荒野邊秀麗

自藍天碧海的盡處
遙望苦難的猶太國都
歷史的犧牲者
時代的鐵戰士
戰神在這小戰場
追尋和平絕望的虛無
以色列在悠悠雲煙中挺住

賓士兩百追趕四十二度「發情」的天侯，這是「飛白式詩語言」，動物發情體溫會上升，與沙漠氣溫超熱可以有共同的聯想。但氣侯會「發情」，則是首次看到詩人這樣用，應該是詩語言上的創新。

這是一九八三年的遊記詩。這年飛白才剛告別軍旅，退伍回到虎尾，心中仍一片茫然，突然接到大學阿文系好友賴惟恭的信，說中鼎工程公司需要阿文專長的人派駐沙國吉達市工作。飛白立刻去應徵，很快被錄取，不到兩星期他就到了沙國吉達，開啟他的阿拉伯生涯。

這首長詩的背景，應是飛白到沙國中鼎工程公司的第一個長假。吉達在紅海岸中部稍南，距麥加約一百公里，阿卡巴則在紅海頂上，所以飛白等一行從吉達北上，至少車行八百公里才到阿卡巴，這一路可以看盡紅海迷人的海景，還有不少的名勝古蹟。

詩中提到「遙望苦難的猶太國都／歷史的犧牲者……以色列在悠悠雲煙中挺住」。在歷史上許多國家經常處於興亡輪迴，如以色列、馬其頓、波蘭、烏克蘭等，原因很複雜；英國被認為二十年內，就從世界地圖消失的國家，因為英倫三島都在搞獨立。而我們中國的惡鄰居：小日本鬼子的「亡國恐懼」很深，因為馬尼亞納海溝「北擴」，島嶼深處被掏空，任何大地震大海嘯或富士火山爆發，列島便沈入海底，倭人亡國亡種，是亞洲各國之幸！許多興亡是天意或天譴（如日本沈亡），人力不可挽救。最末一段〈之七：期盼一次更艷麗的夢幻〉。

有個美麗的結束

蘿菈！
菠比！
妳們溫甜的笑意
妳們健美的胴體
從歸程
走入我們眼底
也走入我們的相機

雅典的美女
海倫的後裔
祝妳們平安歸去
自和平之城巴格達
唱一路優美的旋律
唱一路昂然的歌曲

朝聖日過後
我們期待另一次
夢幻的柔情與神奇

飛往愛琴海之濱
看看希臘群島的歷史
一座民主的城堡
如何昂昂然築起
看看雅典眾神的大能
浪漫古典的傳奇
如何柔柔然艷麗

方飛白一行，這次約旦記遊也認識新朋友，他們是來自希臘的合唱團團員：蘿菈（Rulla）、菠比（Popi）、塔提安娜（Tatiana）、瑪諾（Manos）。大家是在約旦國際機場候機室，聊天認識，覺得投緣，就都留地址並合照留念，邀請方等一行到雅典觀光，如今已過四十年，不知後來可有續集。

「和平之城巴格達」：說來諷刺，千百年來，巴格達大多不和平，八百多年前是中國元朝蒙古人駐守巴格達，現在則是美帝軍隊侵佔，最近（二〇二二年八月），巴格達又陷入內戰，誰能顧及無辜的人民？

按飛白所述，「巴格達」原意有二：一者說「巴格」（Bagh）乃「君王」之意，「達」（Dad）是「給予」，即「君王恩賜之城」。第二種說法，巴格是花園，達是達哈維雅（Dahawiya），即「達哈維雅花園」。

在阿拉伯史，第二王朝，阿霸斯王朝（The Abbasid Dynasty）的首都，原在庫發（Kufa），但受到巴斯拉（Basra）和瓦西特（Wasit）兩面夾攻。曼蘇爾（Al-Mansur，西元七五四：七七五年），於西元七六二年重建新都。

新都位置，選在古波斯帝國首都克特西飛雅（Ctesiphia，在底格里斯河西岸），附近之波斯小村落為新都地點（今巴格達）。曼蘇爾下令帝國最優秀的工程師規劃此城，他在盛大的集會中奠下第一塊基石，並向建城者說：「大地是上帝所有，祂將其賜給其所願者。」並命新都之名為「和平之城」（Madinat al-Salam）。

在〈飄泊組曲〉中，除了這首分成七節的長詩很有代表性。另一首〈沙暴〉則是方飛白親自碰到有如世界末日的經驗，也很有代表性，對一輩子生活在大都會的人，深值一賞，〈沙暴〉。

與妳相會
我才了解荒涼
與妳面對
我才明白毀滅

以細柔的沙塵
織成巨偉的帳幕
以單彩的色調
畫出廣漠的蒼空
人類在大地
營建著理想
構思著壯偉
鋼與心的力量
將組起莊嚴的聖殿
與人類的尊嚴
然而
在妳萬里一色的幕中

所有昂向天際的建築
從曚曨到消失
如同
從已知到未知

不知從何方
閃電般佔領大地
每一寸空間
都佈滿塵土的魔兵
每一絲思維
都填滿黃沙的鬼魅

千萬年來
沙漠的貝都因人
熟悉妳來去如龍的身影
在新月為頂的殿堂起落
在悠長昂然的祈禱中

在黃塵飛天的黃昏時
他們應深知
有一天
沙暴呼喚時
大地的一切
都將歸入
妳單一而巨偉的孤獨

方飛白在《我的青春：我的阿拉伯：給逝去的流金歲月》一書（計劃出版中），提到他多次在沙國大沙漠中碰到沙暴的經驗。當大沙暴來臨之際，景象甚為恐怖，令人感受到大自然偉大的力量，使人心生敬畏，他在前往楊埠（Yanbu）與沙國北部都曾碰到，飛沙走石，漫天黃沙，四周完全看不到景物，有如世界末日到來，讓他感受深刻，才有〈沙暴〉之誕生。

沙暴之無常、恐怖，但飛白的詩用一個「妳」字代表，初看「與妳相會／我才了解荒涼／與妳面對／我才明白毀滅」。這好像是和一個「恐怖之女」相處，或者暗示有些女人，如沙暴之無常、可怕！

當然，很多奇異、特殊的經歷，沒有親自進入現場，難有深刻的感受。飛白詩最末「沙暴呼喚時／大地的一切／都將歸入／妳單一而巨偉的孤獨」。人生已夠孤獨了，不知這「巨偉的孤獨」怎樣情境？吾也不知，恐怕只有去一回沙漠又碰到大沙暴，才能心領神會吧！

第九章　紅海組曲：黑色的浮雕及其他

〈紅海組曲〉輯，有四首詩：〈吉達雕像巡禮〉、〈黑色的浮雕〉、〈夜之旅〉、〈夜吉達的誘惑〉。另有一篇介紹波斯詩人魯迷的「神秘詩」。

嘉拉・丁・魯迷（**Jalal al-Din Lumi**），西元一二〇七年生於巴爾赫（**Balkh**，在今阿富汗境內），一二七三年逝世於孔亞（**Konya**，今土耳其境內）。他的父親巴哈・丁・瓦拉德（**Baha al-Din Valad**），在胡拉珊（**Khorasan**）宗教界極富聲望。魯迷的神秘詩本章不加介紹，趣者可自行查閱阿拉伯文獻，本章欣賞飛白的四首詩，第一首是有五小節的〈吉達雕像巡禮〉，〈之一：噴泉〉。

噴泉啊！
妳傾吐多少

柔情的細語
向純紅的天空
金黃的夕陽
是守護妳到永遠
的情郎
戀人以色彩為語言
在暮色中交談
便織就成
一首綺麗的情歌

可以是一小節，也可以獨立的一首浪漫又優美的情詩，不得不說，方飛白實在是一個「情詩王子」。把噴泉和純紅的天空、金黃的夕陽，形容成情人關係，這恐怕是古今未有之新創，主要是有豐富的詩語言，「以色彩為語言」，就呈現了一種浪漫情懷。賞其〈之二：紅海的白鴿〉。

紅海的白鴿
妳們結伴而來

從自由的大海
飛翔成一片純白

為了明日的和平
妳們匆忙於飛行
白天輕展翼
夜晚也不停

天空呼喚著妳們
和平在天空等待
白鴿啊！
在妳莊嚴的羽翼間
是否願意帶著我

我發現（也是歸納）一個現象，在飛白的詩筆下，城鎮、高山、沙漠、海洋、噴泉、白鴿……都以「妳」字為代表詞，也就是把客觀世界所見都「女性化」了，而且一個個都是「意象鮮活的美女」。這似乎也是一種暗示，愛情是詩人生命中的主調。賞其〈之三：迴轉〉。

凝視著紅海
妳以莊嚴的身軀
蜿蜒成
一首貝都因的老歌
慢慢地
唱著　唱著
唱出紅海淒麗的往事
海水藍藍地微笑
天空以藍藍的眼眸回答
往事
如一朵被遺忘的玫瑰
守候著
一座名叫古代的宮殿

紅海，一個美麗的名字，在每個世紀都很「紅」，尤其在二十世紀發現石油後，「紅海風雲」經常是頭條新聞，戰爭與衝突從未止息。對她而言，也是災難。但在沒有「石油戰爭」的古代，紅海是否也給貝都因人帶來什麼苦難，才會「唱出紅海淒麗的往事」。

就是不談貝都因人，紅海可能也是「從小命苦」，紅顏薄命。幸好有個叫方飛白的「中國哈山」，也是一個浪漫詩人，寫了「紅海系列」作品，讓世人知道紅海的故事。賞其〈之四：巨花〉。

沙漠的巨花
妳以細柔的肢體
擁抱天空
在廣大的黑色中
發散多情的星芒
而柔情
便在夜裡輕輕地展開
如果有終點
那便是死亡
如果無終點

那便是永恒
而在花開花謝的歲月裡
妳
只是靜靜地綻放
輕輕地微笑

沙漠的日子是艱困的，但沙漠一株巨花依然「在廣大的黑色中／發散多情的星芒」，而最後仍是「靜靜地綻放／輕輕地微笑」。這是詩人對沙漠巨花，給予最高的禮讚，詩人總是可以從平凡中，發現不平凡的美感。

飛白詩筆的另一個特色，是從一切不美的景物中，發現不平凡的美。如這沙漠巨花也能多情，綻放微笑，從黑色中散發星芒，或許也能從地獄望見天堂！賞其〈之五：拇指〉。

眾王之王
你剛健的身軀
發散白色的神秘
你迴轉的紋身

暗藏生命的玄機
從大地
向天空鼎立
昂然
如長嘯天際的神駒
當所有的世代
成為無色的灰燼
於不可知的時空中
在天國莊嚴的殿前
你以頭顱為印
向永恒叩門

這首詩的五個小子題，應該就是沙國吉達市區內五座雕像（藝術品），浪漫、多情是方詩的風格，而追尋永恒則是方詩信念的一部份。如「你以頭顱為印／向永恒叩門」，我思，若能打開永恒之門，飛白會願意獻出項上頭顱吧！賞讀詩人認為最有代表性的作品，〈黑色的浮雕〉。

傳說
有一則純黑的神話
名叫古代
妳慢慢地飄來
在孤寂的歲月中
凝固為一座浮雕
妳輕輕地微笑
在我黑亮的眼眸
神秘的輕紗之後
笑成
一朵薔薇般的夏娃

傳說
有一座遙遠的宮殿
名叫沙漠
妳慢慢地走來
在淒清的荒野間

幻化為一座浮雕
妳淡淡地微笑
在我專注的眼眸
曚矓的輕紗之後
笑成
一朵玫瑰般的海倫

曾經
為了一只紅艷的蘋果
無花果葉輕輕地飄落
伊甸的芬芳
在風暴中起落
就為了智慧
便須追尋孤獨
在神的樂園之外

為了一位艷麗的女子

火光沙塵紅紅地飛散
特洛的壯偉
在刀劍裡燦爛
就為了美麗
便須追尋殘暴
在人的鬥爭之中
而今
為了這一襲神秘的輕紗
傷神多少
只為了透視
女郎青春的面容
年少的眼眸
如多情的夕陽
凝視黃昏的海洋

黑紗
黑紗

輕輕地飄
黑色的浮雕
輕輕地搖
而無言
如千古過往的寂寥

附記：阿拉伯世界，女人外出大部份一襲黑紗，有些露出雙眼，臉龐隱隱約約，增添不少神秘感。

方飛白在《我的青春：我的阿拉伯》一書（計劃出版中），寫到初到阿拉伯看到兩種「奇觀」，每天五次禮拜和女子蒙面，都感到好奇和不適應。尤其女子蒙面，更是視為一大奇觀，有一種想看真面容的衝動。

阿拉伯女子打球時也蒙著臉，在餐廳吃飯吃麵也是，她們通常很技巧的將黑布掀起來，夾食物入口，這有趣的景象（外邦人看來）。更有趣事是，她們也有選美，但前三名美女皆蒙面，不知如何評分？是否只看「眼如秋水」便判定其美？許多趣事盡在方飛白的阿拉伯遊記中，似有現代版「天方夜譚」之精彩。

阿拉伯女子身穿黑袍，蒙著「花容月貌」，十足神秘，十足引人注目，完全是「文化震撼」。方飛白自然受到強烈「衝擊」，因而有〈黑色的浮雕〉一詩之創作（曾發表在《中央日報》）。

「神秘的輕紗之後／笑成／一朵薔薇般的夏娃……朦朧的輕紗之後／笑成／一朵玫瑰般的海倫」。她始終蒙著臉，詩人怎知「笑成一朵……」這應該是想像，只有想像才有神秘美感，拿掉面紗可能神秘和美感皆失！

詩中提到「海倫」這位美女，又提到「特洛的壯偉」，大概就是指《木馬屠城記》中的特洛伊城（在今土耳其東部）。這是真實的歷史，並非詩人虛構的故事，事件（戰爭）就發生在西元前十三世紀。

特洛伊的「木馬屠城記」雖緣起於爭奪美女海倫，但它是人類歷史上第一場東西方之戰。當時，特洛伊是早期東方土地上的殖民文化，而斯巴達則是西方的希臘文明，所以表面是爭奪美女，實則是東西方文化衝突之戰。「就為了美麗／便須追尋殘暴」，這是人類永遠無解的習題，賞讀一首〈夜之旅〉。

何時
我們已將城市的燈火
遠遠地拋離
成昏黃的孤寒一朵

與天際的星辰鬥艷

何時
我們已將燦爛的霓虹
柔柔地交集
成亮麗的唸珠一串
與夜空的銀河爭光

我們是一隻孤單的流螢
飛繞著午夜的時光
追尋紅海舌尖的白花
昂然的歌聲
向夜海中廣漠的空間吶喊
吶喊著千年舊事
如生　　如死
我們是一顆細小的流星

長馳於黑夜的沙路
追尋紅海眼眸的柔情
悠遠的思念
向夜海中無數的精靈呼喚
呼喚出萬古傳奇
如夢　　如幻

在紅海岸看夜景，給自己有什麼啟示？前兩段「何時……」是描述客觀景物，後兩段是內心的感受。第三段思索的是歷史的現實，向紅海吶喊，「吶喊著千年舊事／如生如死」，打開歷史盡是戰爭，只有生和死的選擇，這是現實面。

末段則是世間一切真相本質面，詩人的結論是「如夢如幻」，戰爭也罷！愛情也好！終究是如夢如幻。這就進到了《金剛經》所說：「一切有為法，如夢幻泡影，如露亦如電，應作如是觀。」我忖度著飛白的〈夜之旅〉心思，大約如是。賞一首〈夜吉達的誘惑〉。

黃昏的天空
以燃燒的金霞為烽火

黑夜武士蹥蹥的馬蹄
傳來征服者的訊息
光燦的彩虹
飛碧的晴空
全然臣服
千層萬層
溫柔的黑色中

萬千的流火
飛閃金亮的光芒
交織成午夜天空
在阿拉伯風沙之外
追尋一座濱海伊甸
在阿拉伯白晝之外
探索一片寧靜夜天
海浪的韻律悠遠
浪花的合唱纏綿

夜空裡
千條奔騰金龍
金龍蜿蜒著
蜿蜒為亮麗輝煌的壯闊
星河外
萬股怒放火焰
火焰流轉著
流轉為金黃燦爛的花朵
靈魂
與孤獨的蒼鷹飛翔
海潮也飛揚
思緒
同排山的巨濤呼嘯
流星亦逍遥
馳一路燈光銀亮

與微風
飛向永恒的星空
懷滿身激情血紅
隨巨泉
噴向虛幻的霓虹

夜吉達的時空
是萬道光芒的飛虹
飄多少溫柔
給大海
綴多少星光
送天空
夜吉達的時空
是千萬燈火的相逢
剪一塊紅妝
給少女
裁一道月光

送紅妝

夜色裡
妳的眼中
亮麗的青春之火閃動
追憶的深淵
飛塵濛濛
在海之畔
思念起玫瑰情濃
月光下
妳的臉龐
清靈的少女之美泛動
懷想的海洋
波濤隆隆
在海之濱
幻想著醉入花叢

七小段不算長的長詩。世界各大都會都有很多誘惑，尤其經過「夜武士」的加持，各種誘惑就更多了，千百誘惑不外「食色性」也，再衍伸食色性之「週邊產業」。裡面有龐大商機，例如，泰國、小倭鬼國等，其國防軍力完全靠色情行業來維持，可見在這些國家，許多賣身賣肉的女人，她們才是國家的真英雄。

但在伊斯蘭教國家，有很嚴格的律法規定，例如禁酒、女人蒙面，且男女分開娛樂。如是者，沒了酒和女人，娛樂活動熱不起來，誘惑也沒了，難免失去很多樂趣，這是異邦人到了伊斯蘭國家不適應的地方。

但這不表示伊斯蘭國家沒有「誘惑」，形而下的「食色性」誘惑少了，多了形而上的精神、藝術等誘惑，這是高層次的誘惑。看方飛白這首〈夜吉達的誘惑〉，完全不同於在倭國東京看藝妓與泰國看人妖，這是精神和文化的提昇，心靈上的淨化。

第一段「黑夜武士躂躂的馬蹄／傳來征服者的訊息」，夜將統治一切，不久一切都臣服於「黑色的溫柔中」。之後，「萬千的流火……夜空中……」都是不一樣的「奇異的誘惑」。

到了第六、七段，佈下淡淡的美女誘惑。啊！終究是凡夫，人間煙火不得不食，用想的也是一種滿足。「裁一道月光／送紅妝〃夜色裡／妳的眼中……在海之濱／幻想著醉入花叢」。所謂「花叢中裡過、不染半點塵」，這是神仙的境界，你我他皆凡夫，花叢中裡過，能不有所染乎？雖只用想也是染啊！

第十章　波斯組曲：愛的囚徒

〈波斯組曲〉輯有十九首詩，為詩集內容最豐盛的一輯。詩以外，尚有一篇〈哈飛茲的抒情詩〉文章，介紹波斯歷史上最偉大的抒情詩人，被後世人們尊為「眾神秘的解釋者」。可見此人之不凡，應是能通靈之人。

哈飛茲（**Hafiz**），原名閃斯·丁·穆罕默德（**Shamsal Din Muhammad**）。約出生於西元一三二五：六年間，逝世於西元一三九〇年，他一生大都在喜拉日（**Shiraz**）度過，他的墓園即在喜拉日附近。今之墓園，為波斯最偉大的帝王卡林姆·亞歷山大（**Kalim Alexander**）所修建，名「哈飛之雅」（**Hafiziya**），是一座非常美麗的花園，也是著名的名勝古跡。

哈飛茲在艱苦環境中，仍好學上進，認真研讀《古蘭經》，終獲榮耀頭銜「哈飛茲」（即能背誦整部《古蘭經》者）。關於他的抒情詩，現在僅選讀幾首作品，第一首〈君王〉。

你曾見過任何滿足這熱情的愛人嗎？
你曾見過任何已滿足這海洋的魚嗎？
你曾見過任何自雕刻師飛離的影像嗎？
你曾見過任何要求阿茲拉原諒的發米格嗎？
分離時
愛人如同空無意義的名詞
但像愛人這樣的意義是不需要名稱的
你是海洋
我是一條魚：當你要掌住時
表現憐憫
仁慈地施用權力
：沒有你我獨自留下
強大的君王
那這熱情之死是什麼呢？
你不在的時候
魚兒的憤怒如此高張
假如火焰圍住你

它便撤退到角落
因任何從火中摘取玫瑰者
沒有你
這世界是一種痛苦
但願時時刻刻都有你

我以你的生命
祈求這件事
因對我而言
沒有你的生活
是一種痛楚與苦悶
你的影像如同君王
旅行在我心中
即如所羅門王
進入耶路撒冷的聖廟
數以千計的燈籠躍入火焰
所有廟堂皆被照亮

樂園與卡烏沙的水池
擠滿利得萬和天堂女神
高昇為神

高昇為神吧！
在天界有這麼多月亮
這聖幕充滿天堂女神
只有她們避開盲者之眼
那已在愛中尋得居所
亮麗愉快的鳥兒！
為何除下安卡
任何人將發現一個地方
並在卡夫山居住嗎？
壯麗君王般的安卡
塔巴利滋太陽的君王
因他既非東方亦非西方的君王
也非任何地方的君王

說君王即君王，只說你是我心中的君王。「沒有你／這世界是一種痛苦／但願時時刻刻都有你……沒有你的生活／是一種痛楚與苦悶／你的影像如同君王／旅行在我心中……」。這是阿拉伯版的「梁山伯與祝英台」，大凡能成為偉大傳奇，都是悲劇，這似乎是世界各民族共有的通性。

但〈君王〉一詩，含有不少阿拉伯世界的文明文化典故，或歷史、神話等。說實在的，不光是外邦人，就算阿拉伯一般人，也未必能深入理解這首詩的典故背景，因有這種文化上的深度，使得這首詩值得再介紹給有緣的讀者，使其再流傳於人世。惟必須按方飛白的註解，再做簡略說明如下。

阿茲菈（**Adhra**）和發米格（**Vamig**），是波斯傳說中的一對戀人。他們的愛情故事，曾由詩人溫斯里（**Unsuri**），寫成一首動人的敘事詩，流傳於阿拉伯世界民間。

「火焰惠賜一朵可愛的玫瑰」：當亞伯拉罕在尼洛（**Nirom**）命令中，被丟入火中時，火焰神奇地變為玫瑰。見《古蘭經》第二十一章第六十九節：「我說：火！要你對易卜拉欣涼爽而和平。」但另有記載，易卜拉欣沒有被丟入火中，安拉使他逃到別處。

卡烏沙（**Kauthar**），是天園中的一條河。

利得萬（Ridwan）是天園中的天使，他掌有開啟天堂之門的鑰匙。安卡（Anga）鳥的巢在卡夫（Gaf）山上，此山在世界之邊緣。

「因他既非東方亦非西方的君王」：見《古蘭經》第二十四章第三十五節：「安拉是天地的光，祂的光形如柱，柱上有燈，燈在玻璃中，那玻璃如發光的星，燃自吉慶的橄欖樹，既非東方亦非西方，祂的油雖不與火接觸，仍發出光來。光上之光，安拉引導其所意欲的人，以達祂的光。」安拉為世人發出比喻，安拉是深知萬事的。另一首〈愛人們〉。

哦！愛人們！愛人們
結合與重逢的時刻已到來
來自天上的聲明已降臨：
有月兒一般臉龐的美女們！
歡迎光臨此地！
歡迎無比的心靈們！
歡迎無比的心靈們！
歡迎穿著帶尾巴的裙子到來
我們已緊抓住它的項鍊

而它也緊抓住我們的裙子

這強烈的藥劑已拿來了
魔鬼般的悲傷
：放置在牆角
憂愁而死的靈魂
：已離去
永恒的執壺者
：進來吧！

天上的七半球因著為你的熱情而醉倒
我們經由你的存在的存在
是一段極長的在安樂中的時光
音律甜美的吟遊詩人
每一時刻都輕搖著鈴
哦！歡欣啊！
將你的駿馬上鞍吧！

哦！西風啊！
吹在我們所有的靈魂上吧！
哦！
音律甜美的蘆笛聲啊！
你的鳴聲是甜糖的滋味
你的鳴聲日夜地帶給我逼真的香味

且重新開始
再次彈奏這些抒情的曲調
哦！陽光柔情地出現了
它的光耀勝過一切可愛的事物
妳且沈默！
不要扯破妳的面紗
倒盡沈默大眾的酒瓶
做一個戴面紗者
做一個戴面紗者
使妳自己熟習於上帝的仁慈

「愛人們」，表示有很多愛人，誰能光明正大的稱「愛人們」？只有那些稱孤道寡的帝王，才有這種合法的權力(利)。但「歡欣穿著帶尾巴的裙子到來……憂愁而死的靈魂」，此處有些詭異，愛人們要穿什麼裙子！戴什麼項鍊！有何可計較？

中間段好像在描寫古代的吟遊詩人，但「天上的七半球」是什麼？「每一時刻都輕搖著鈴……你的鳴聲日夜地帶給我逼真的香味」。這是吟遊詩人的浪漫，只是詩人通常沒有「愛人們」。

末段提示女人們，「不要扯破妳的面紗……做一個戴面紗者／使你自己熟習於上帝的仁慈」。大意說，伊斯蘭女性們，要永遠戴著面紗，直到上了天國仍戴著，這樣上帝（安拉）才會認識你。賞讀〈神是至大的〉。

在紅髮之間有一道光芒
超越眼睛、想像和精神
你是否渴望將自我縫入其間？
起身
且撕裂肉慾靈魂的面紗

那精明的靈魂
已化為形體
有眉毛、眼睛
與褐色的皮膚
高深莫測的上帝
對精選先知的形體
顯露出祂的本體
祂的形體消逝在大形體中
祂的眼睛也如此
如同審判日的復活
每一刻
祂注視著人們
經由神所開啓的千百道門
當被精選者的形體消逝時
「神是至大的」
將緊抓世界

「神是至大的」，這是當然。信安拉的人，安拉是心中至大的神；信觀世音菩薩的人，菩薩是他心中至大的神；信上帝的人，上帝是他心中至大的神。無神論的人，心中無神，也許他自己最大。

一神教（基督、天主、回教），都有「審判日復活」的說法。在伊斯蘭教的六大基本信仰（信真主、天使、天經、聖人、後世、前定）中，其「信後世」，就是指人死後，會在世界末日來臨時復活，接受真主公正的審判；在今世時，信真主並行善將升入天堂，不信真主又行不義者將受火獄刑罰；今世是短暫的，而後世是永恒的。

但東方（中國）和西方的神有本質上的不同，西方是神創造人，因此「神是至大的」，所有的戰爭都是「人代表神在打仗」，從古到今之「九一一」或現正在打的俄烏之戰，都全是「宗教戰爭」。而中國的神是人創造的，沒有所謂「神至大」說法，所以中國沒有宗教戰爭，從古至今都在為政權、為統一而戰。看一首〈愛的囚徒〉。

愛的囚徒
妳的美麗
是我存在的氣息

妳的高貴
是我喜愛驕傲的死亡
妳在何方
我最甜美的戀人
一切生命的幸福皆在那兒

愛著妳神聖的可愛
妳的微笑遠比美酒更具效力
當妳的睡眠皆感憔悴
我躺在此地夢幻地陶醉
啊
除了親吻妳的指尖
：那比世俗的幸福更為豐盛
它所獲得的利益
遠比君王在兩世掌握的更多

我憔悴地渴望觸摸妳的雙唇

心中曾經如此地狂亂嗎？
一顆心堅定而靜止
一位妳馨香髮鬈的囚徒

妳的口
是我心志的獵者
和妳的鎖聯謀來束縛我心
為何時光要拉開那
急速扣住且羈絆我的陷阱呢？

如果真有一位女子，不必是「絕色」，也不必全是「極品」，只要美麗、溫柔、體貼，且兩情相悅，能滿足雄性生物基本需要。如是者，許多男人會願意當「愛的囚徒」，詩人方飛白願意，筆者也願意！這是雄性生物的心思，演化論的結果。了解了這層原理，再來欣賞這首〈愛的囚徒〉，就容易進入詩境，也容易理解了。

「愛的囚徒／妳的美麗／是我存在的氣息……除了親吻妳……妳的口／是我心志的獵者」。有時候男人看妳的「美麗」，並非表面上的美麗，而是一種性愛吸引力，這就是所謂的「致命吸引力」，是雄性願意當「愛的囚徒」不可抗拒的力量；凡是能抗拒、節制且一念不起，都已脫離了「人」族，而化入「神仙」一族。再一首〈愛的海洋〉。

穆民們！
我愛那真實而有妒忌熱情的偶像
並非為了荒唐度日
乃是為了迷亂
我在此驚奇地跪著

愛是什麼？
是萬能的海洋
它的潮水乃是火焰
千山萬嶺般的潮水
如夜一般漆黑
向遠方群集

群龍兇猛而充滿恐懼
畏縮在它飛浪的邊緣
無數審判的沙魚群
在它飛漲的巨浪中游著

憂傷航行在水面上
堅忍是它的錨
船桅彎曲
且投向強風的災難中
在突發的轉變裡
他們將我投入無底的大海
如有神聖靈魂的人
被裹入神聖中

我已死亡
海水淹死了我
啊！

因著奇蹟
現在我又復活
並發現一顆寶石
比充滿寶藏的世界
所給予的還要珍貴

詩人的筆不止是點金棒，更如觀世音菩薩的淨瓶水，能起死回生。「我已死亡／海水淹死了我／啊！／因著奇蹟／現在我又復活」。這便是詩人，讓詩超越生死！

詩述「愛的海洋」之神奇，就詩論詩，這是一首有豐富詩語言且有衝擊力的詩。如「乃是為了迷亂、潮水乃是火焰、無數審判的鯊魚、他們將我投入無底的大海」，這種思維構句，都衝擊著讀者的思考。

第三部　黑色情話：
方飛白情詩選

方飛白於埃及金字塔、獅身人面像前(1989 年攝)

第十一章 何種深情值得終生迷戀

讀了這麼多飛白兄的詩，發現（也是歸納）他的詩有五大核心意象：黑色、死亡、永恒、愛情和阿拉伯。幾乎在他的每一首詩都可以找出五者之中的幾個，所以這五大意象也是他作品的「五大基本元素」。按我們中國人的文學理論，「文如其人」，則五大元素更是他的思想主調，而愛情與阿拉伯二者，是主調中的主調；他的《我的青春：我的阿拉伯》一書，可謂是這兩種主調的揮灑！

《黑色情話：方飛白情詩選》（台北：俄羅斯出版社，一九九四年六月）。書前有羅青和心道法師的序詩，法師所主持的靈鷲山是台灣佛教界的五大道場之一（另四是：佛光山、法鼓山、中台禪寺、慈濟）。心道法師〈序詩〉抄錄如下為紀念。

心靈的觸角・心靈的情・一種透視
一種透視的情結

人間多少的情愁蛻變
總是離不開那個範殼
心靈的深處
總是在接受命運的果實
無奈的鐘聲・鼓聲・粉碎了內心的懵懂
走向心性的彼岸　就在原來的地方
心中的閃爍　是種種的窗口
七情六慾　海闊天空
輪迴生死　是心的面紗
晨光佈滿　佛陀顯現
是心酸的見證

方飛白和心道法師有過很好的法緣，曾聘請他當博物館之「伊斯蘭文物顧問」。飛白兄把一些數百年前的《古蘭經》手抄本冊頁，捐贈給心道的「世界宗教博物館」典藏，該物價值連城（數百萬元身價）。可見一介詩人的飛白，也是捨得的人。是不是他早已「看破紅塵」？讀一下他在《黑色情話》的〈自序詩：黑色・墓碑〉，或有徵候！

之一：黑色

從黑彌撒到黑盒子
黑色
是最神秘的顏色
從黑死病到黑水熱
黑色
也是最殘酷的顏色
從黑寡婦蜘蛛到黑背游蛇
黑色
是最狠毒的顏色
從黑玫瑰到黑市夫人
黑色
也是最柔情的顏色
黑色有著萬化的表情
黑色有著千變的容顏
黑色

黑色
黑色是最悲涼冷酷的顏色
黑色也是燦爛美麗的顏色

之二：墓碑

生死分明
它是一座分界碑
陰陽交替
它是一座里程碑
肅穆沉重　聳立不動
它充滿哀愁也富於希望
莊嚴內斂　默然無語
它結束明快也迅速重生
有人為它振奮或頹喪

有人為它憂傷或歡唱
我們從它模糊的字跡中
追索昨日的甜美與悲痛
並為明日創造夢幻與遠景
我們在它斑駁的裂痕中
找尋往昔的光榮與挫敗
也為將來播下希望與絕望

它是一個點
象徵結束也是開始
從前世輾轉到今生
它是一個圓
代表毀滅也是重生
從今生輪迴到來世

通常黑色，象徵神秘、恐怖、悲慘等，如歷史上最亂的時代就叫「黑暗時代」（如西方中古一千年）。所以黑色，始終不是一種快樂、光明、希望的顏色。

但黑色有時也是吸引力，如台灣樂壇教父羅大佑的「黑色震撼」，而〈黑色的浮雕〉更是吸引力。

「墓碑」也是，並非大家喜歡的名詞，但詩意很有境界，也有哲學的高度，詩人向世人開示「生死一體」，世間許多事都是一體的，如甜美與悲痛、希望與絕望、開始與結束，乃至生與死都是一體的。

浪漫、唯美的情詩，而以黑色和墓碑為序之意象，這是詩人與眾不同的心思。《黑色情話》有四十多首詩，有些前兩冊已發表，另有譯詩少許，本部區分五章欣賞，一首〈水晶聲色：她聲如水晶眼若琉璃〉。

有多少風景
值得終生想念
有何種深情
值得永遠迷戀
夜色如花
微風中
妳清柔的眼神
在黑色裡閃亮　似水晶

異塵似鏡
夜色裡
妳華麗的聲音
在燭光中飛飄　如流泉
那雙水晶般燦爛的眼睛
是令人永遠迷戀的深情
那道流泉般清脆的聲音
是令人終生想念的風景

何樣的女人？可以讓男人終生（身）想念、永遠迷戀！「那雙水晶般燦爛的眼睛／是令人永遠迷戀的深情／那道流泉般清脆的聲音／是令人終生想念的風景」。看似止於聲色，但若未經「性愛交融」，恐難有如此恒久（終生）的想念和迷戀。

兩性關係很奇妙，從普通朋友→牽牽小手→可以擁抱→可以親吻，到此每一步都代表關係轉變。但若到此便結束，從此各有天涯，這種情不會終生想念；反之，若在此前進一步，有了「性愛交融」，這必是雙方終生不忘的風景。欣賞〈麗人已微醉：紅唇琥珀桃花紅顏〉。

麗人已微醉
紅唇似琥珀
桃花似紅顏
愛情如夢易醒
生命如花易碎

麗人已微醉
紅琥珀
桃花面
歌聲伴青煙
花艷不如人艷

麗人已微醉
紅琥珀
桃花面
笑語隨春風

相思不如相見

麗人已微醉
哀愁的情傷
飄入午夜的夢迴

麗人已微醉
舊日的風沙
激起雙眸的淚水

麗人已微醉
紅唇似琥珀
桃花似紅顏
愛情如夢易醒
生命如花易碎

據聞，美女在微醉狀態時，體態最美，也對男性最具有「致命吸引力」，難怪「貴妃醉酒」迷死了皇帝。微醉的女人很美，但若大醉則不美，我見過大醉的女生，不僅不美，而且醜態百出！

這首詩描寫微醉的麗人，正處於最美的狀態，「紅唇似琥珀／桃花似紅顏……笑語隨春風」。但微醉也讓人易於感傷，「哀愁的情傷……激起雙眸的淚水」，因此也讓詩人感悟「愛情如夢易醒／生命如花易碎」。原來，都是酒後吐了真言，酒讓人「現形」。賞讀一首〈火焰精靈：她的靈魂是火焰化身的精靈〉。

在夜色裡　冷冷清清
火焰悄悄醒來　眨眨眼睛
（妳美麗的眼睛是否能把世界看清？）
在夜色裡　安安靜靜
火焰婷婷玉立　搖搖身影
（妳秀麗的身影是否能為命運造形？）
在黑暗中　火焰閃爍不定
那是妳真實的靈魂

在黑暗中　火焰淚光不停
那是妳變幻的激情
何時才能找到平靜
何時才能回歸安寧
火焰紅燭　映照妳的笑顏
也映照妳的柔情纏綿
火焰紅燭　燃起夜的輕霧
也燃亮妳的紅塵心事

把一個熱情如火的女人，形容成一團「火焰精靈」，只有在夜色的加持下，才是最真實而美妙又形像化的形容。試想，你和她獨在一密室，三更半夜的，「火焰悄悄醒來……火焰婷婷玉立」。火焰要做什麼？不會是要你伴她去夜遊吧！

這詩有寫意，又有寫實，也許是詩人的真實經驗，或「類經驗」，「在黑暗中　火焰閃爍不定／那是妳真實的靈魂……映照妳的柔情纏綿」。相信這是詩人生命旅程中，感同身受的真實情境。欣賞一首〈夢幻水仙：她人如水仙歌若夢幻〉。

她人如水仙
清柔地飄香
她歌若夢幻
華麗地飛翔

妳聽聽
若隱若現
在妳的歌聲裡
隱藏著深深的謎語

妳看看
忽遠忽近
在妳的歌聲裡
隱藏著柔柔的神奇

妳想想
時左時右

在妳的歌聲裡
存在著濃濃的神秘

妳望望
似真似幻
在妳的歌聲裡
存在著淡淡的情意

她人如水仙
水仙盛開
清柔地飄香
她歌若夢幻
歌聲悠揚
華麗地飛翔

她人如水仙，歌若夢幻，何樣女子？讓人顛倒，讓人聽她唱歌後產生一種如夢如幻的情懷；還讓詩人對她念念不忘，作詩讚頌，頌揚她的歌聲，更讚美她的人。

何種歌聲讓人讚嘆？「在妳的歌聲裡／隱藏著深深的謎語」，以及濃濃的神秘、柔柔的神奇、淡淡的情意。這個「她」，可能是詩人旅程偶遇一女子，因歌聲之美吸引了詩人，入詩成為永恒！欣賞〈憶春衫〉。

回首難
年少嬌媚著春衫
春雨點點春意寒
燈微影孤單

追憶難
青春錦繡隨花殘
秋雨絲絲聽秋蟬
舊夢已惘然

前程難
明日天涯誰為伴

冬雨綿綿淚痕乾
天寒心更寒

一首感傷之作，人生「回首難、追憶難、前程難」。似乎這人生旅途上，步步艱難，當然從廣義來看，眾生要謀生存，要過點自己想要的好日子，都不容易。君不見，那非洲獅子為吃一口「牛排」，也要冒生命之危！

但回首方飛白這輩子，數十年來流浪於阿拉伯、中東、非洲、東南亞，在非洲（南非）更碰到強盜，全身被洗劫一空（內褲尚在），幸好到南非的佛光山道場求助得以安然回來。當一個「流浪詩人」，艱難啊！千山獨行！賞讀一首〈蝶戀花〉。

蝶是花的前世
花是蝶的來生

蝶戀花
如煙如霧
是前世舊愛

疊疊重重
花戀蝶
如夢如幻
是來生新歡
重重疊疊

蝶花相逐
是千古情癡
無怨無悔
花蝶相隨
是塵緣未了
萬劫輪迴

而今生呢？
花花蝶蝶
重重疊疊
蝶蝶花花

花花世界

可能古今所有的詩人，有多數是曾經運用「花」與「蝶」的戀愛關係，創作過他們的詩品，且有許多是名篇。老詩人周起述甚至把自己筆名取「周夢蝶」，他已取得西方簽證多年，不知他現在是花？或是蝶？

蝶花相戀是「千古情癡／無怨無悔」，因緣相輪迴，塵緣永不了。所以，檢視千百萬年來，一切眾生的愛情，只有花蝶相戀之深情，值得終生迷戀，甚至值得生生世世永恆的迷戀，永無止境。一首〈黑幻影〉。

她有冷冷的手
冷冷的臉
溫暖的心

午夜的金幻影
充滿奇情
午夜的紅幻影
如何細述飄零

午夜的黃幻影
曚矓未明
午夜的銀幻影
如何創造夢境
午夜的白幻影
冷然淒清
午夜的黑幻影
如何追尋光明

人生有限
歲月無情
我如幻影
你如浮萍
理解我心靈
莫問我生平

詩人自謙「莫問我生平」，他在《我的青春──我的阿拉伯》一書，謙稱只是工程公司一名小兵，並無「功名」，但「走跳」阿拉伯世界三十年，旅程確實沾滿了「塵與土」。惟他三十年間，所見異文化、異世界，筆之於書，流傳後世，這便是他的人生價值，他的人生大業。

這首詩應是他午夜夢迴時，感慨之作，紅、黃、白、黑都是幻影，眾生亦如是，如浮萍、如幻影。詩人有此認識，想來他對《金剛經》「一切有為法，如夢幻泡影」，是有一定的理解，他的思想意識中，或許已經有了不少「佛法的元素」。

第十二章 揮灑青春 追尋情愛

羅青（時任輔仁大學教授）在《黑色情話》的序說，飛白詩作，長於感性抒發而忽略謹密經營，長於警句投射而拙於構思謀篇。任何形式的文學作品，構思經營都是必須要的，但若能保持「天然的最好」，筆者還是喜歡天然的，「天然得如行雲流水」更好，完全看不出有什麼經營痕跡，更是妙品！更是極品！

飛白的詩距離「極品」，尚有遠路要走，但妙品、佳品則很多。羅青的序也提到，「台灣詩壇這兩、三年來，已近土崩瓦解的邊緣。」（一九九四年說此言）「土崩瓦解」是嚴重的問題，羅青希望有奮戰精神的方飛白，能挽狂瀾於即倒，為中國新詩注入新血和力量。

飛白兄有多少能耐？我是了解的。有史以來，不論那個領域，當面臨「土崩瓦解」，已非一個人能力挽，如山要崩倒，神也救不了。但可確定一事，方飛白是讓人可以期待的，他的作品當然是可以期許的，賞讀他的作品，〈黑色異塵〉。

黑沙塵
風吹過
似春夢
了無痕

風中塵
水裡來
火裡去
揮灑青春
追尋情愛
我是黑塵埃

風中塵
今日來
明朝去
狂醉今宵

莫談未來
我像黑塵埃

風中塵
黃昏來
夜半去
營造喜悅
傳送悲哀
我似黑塵埃

風中塵
朝露來
曇花去
愛恨離愁
化入滄海
我若黑塵埃

風中塵
飛鷹來
閃電去
真情假意
我如黑塵埃

風中塵
藍天來
大地去
悲情半生
灑瀟何在
誰非黑塵埃

前四行算是詩的起首，「黑沙塵／風吹過／似春夢／了無痕」。這似乎已經點出詩人的心思，人生觀乃至宇宙論，一切都是緣起法，緣聚則生，緣散則滅，緣盡則如「春風過，了無痕」。萬事萬物、青春情愛，最終如黑塵埃散滅，船過水無痕。

之後的結構整齊之六段，是人生過程的內容，酸甜苦辣悲喜都有。從年輕時代「揮灑青春／追尋情愛」「狂醉今宵／莫談未來」；有些年紀時「營造喜悅……愛恨離愁」；到了接近不惑之年，終於頓悟「悲情半生／灑瀟何在／誰非黑塵埃」。人生如風中塵，今日來，明日去，凡來的，都遲早很快就去。一首〈找尋情種〉。

從一雙掌
到另一雙掌
從一張床
到另一張床

我以體香
引誘四方奔來的慾望
我以紅唇
感覺冷熱不同的餘溫
我以肢體
迎接真假各異的情獸

我以眼神
瞭望深淺不一的靈魂
而我真正的意圖
在於找尋
最適合我深谷生長
的情種

這是一首很情很色的「情色詩」，當然從歐洲女權主義的解放運動者觀之，是浪漫的情詩。我們孔老夫子看之，是十足不雅的色情詩。

歐洲很多國家受女權解放影響，認為女人對自己的身體有百分百的「主權」，因此有完全使用自己身體的權利（力），包含與付費的男子做愛，換取所得，這也是一種職業或工作，同受尊重，不受歧視。她們不是「妓女」，法律上的正名是「性工作者」。

「從一張床／到另一張床……在於找尋／最適合我深谷生長／的情種」。有高度的性愛形像，且以女性為主體（主權）。但若從「母性社會」觀之，這又是很正常的事，雄性只是用來繁殖的工具。另一首〈有一座城堡在遠方寂寞地等妳〉。

應該忘記妳
以免因為想妳
而讓妳也想起我
西西里舞曲
或許正伴著妳愉悅的旅程
我在小提琴旋律飛揚中悠悠地等妳

應該遺忘妳
恐怕因為想妳
而使妳也想起我
西班牙舞曲
或許正伴著妳輕快的旅程
我在阿拉伯咖啡飄香中靜靜地等妳

不該想起妳

思念妳太多
也許會讓妳想起我
泰綺思冥想
或許正陪伴妳溫暖的旅程
我在那畫廊色彩紛飛中淡淡地等妳

不該想念妳
思念妳太深
也許會使妳想念我
流浪者之歌
或許正伴著妳孤獨的旅程
我在那寒風細雨掠過時默默地等妳

有一座城堡
因有一顆心
在遠方寂寞地等妳
遙遠的天邊

星子便一顆一顆地閃亮

浪漫、唯美的相思，又一首動人的情詩。詩中的「妳」讀到此詩，能不從那遙遠的地方，立即飛到阿拉伯，投入詩人所築起的一座愛的城堡（愛巢）乎？詩創作用了一個逆向思考的技巧，「應該忘記妳、不該想念妳」，而真情正是永遠忘不了妳，永遠會癡癡的等妳。「悠悠的等妳……默默的等妳」，談過戀愛的人都知道，等人是苦的，所以相思苦！苦相思！

詩人最後是否等到人了？「遙遠的天邊／星子便一顆一顆地閃亮」。這似是一種暗示，快要有希望了，本來就是，只要耐心等待，經之營之，好因緣一定會出現。我始終認為，好的因緣要積極經營，而不是空坐等待。情愛都是要「追」、要「尋」，不會平白無故從天上掉到你懷裡。欣賞一首〈紅塵問情一笑間〉。

紅塵問情一笑間
水仙自憐
癡情長留千萬年
可憐紅顏

我們打開心田
悲愁無法自遣
舊夢彷彿重現
我們遙望未來
前景渺茫不見
紅塵飛灰談笑間

我們緊閉心田
往事洶湧難眠
我們忘卻哀傷
情愁之海連綿
紅塵紛亂總纏綿

我們輕撫心田
悲愁無法自遣

我們追尋情愛
春風遠飄天邊
紅塵悲情可問天

夜色綺美
麗人長歌
真情美酒
不負少年
愛情人生莫留戀
紅塵問情一笑間

詩人最後結論說，「愛情人生莫留戀／紅塵問情一笑間」。她好像儼然成為一個「禪師」，向眾生開示，情愛終究是一場空，就都放下，一笑置之吧！

但詩人之悟，也是長期從生活經驗所吃的「苦頭」得來，「悲愁無法自遣……情愁之海連綿／紅塵紛亂總纏綿」。再不悟，便被情愁之海「淹死」了，正如古人所謂，「不經一番寒澈骨，那得梅花撲鼻香！」

再說人生曾經有過就好，誰的少年不輕狂？誰人青春不風流？「夜色綺美

／麗人長歌／真情美酒／不負少年」。所謂「檢驗真理唯一的方法是實踐」，情愛不經追尋檢驗，怎知是不是情愛！而追尋擁有，才更能領悟莫留戀！此謂之「只在乎擁有，不在乎永久」！欣賞一首〈自由飛翔的海風〉。

回憶妳水晶般的聲音
追憶妳琥珀般的面容
想念妳
在廣闊的夜空

傾聽妳流水般的歌聲
回憶妳桃花般的笑容
思念妳
在遙遠的星空

想念妳
從紅海之濱
遙望大海的面容

妳那紫玫瑰的微笑
如萬里蔚藍的晴空

思念妳
在紅海之畔
聆聽大海的潮音
妳那小黃鶯的歌聲
如自由飛翔的海風

在〈水晶聲色〉一詩，形容「她」聲如水晶；在〈麗人已微醉〉一詩，形容麗人「紅唇似琥珀／桃花似紅顏」。而在這首詩，形容一再想念的「妳」，「水晶般的聲音／追憶妳琥珀般的面容……桃花般的笑容」。妳，是何樣女子？讓詩人一再想念妳！

每個男人心中都有一個可以永遠想念的女子，他們必有一番不凡的情愛，才會成為雙方永久的記憶。如果沒有，雄性會自動從生活中，設定一個「夢中情人」，取代真實情人，為經常有可以想念的對象。為何？其中之妙，不可說！不可說！欣賞一首〈讓我在妳的雞尾酒中調一首詩：給一隻鬼精靈的小貓咪〉。

我要用心思為妳調一首詩在雞尾酒裡
當妳專心於思維的時候
當妳專注於作愛的時候
在妳因讚美歌頌而臉紅微笑的時候
在妳因心情起伏而任性而為的時候
當妳因憤怒而鬼叫的時候
當妳因狂醉而愛哭的時候

讓我用心情為妳調一首詩在雞尾酒裡
給妳逝去的青春與歡笑
給妳舊時的純真與潔白
給妳遺忘的苦難與折磨
給妳往昔的創痛與悲哀
為妳有淚有笑的誕生
為妳無聲無息的死亡

乖乖小貓咪
讓我哄妳喝一杯用詩調成的雞尾酒
讓妳秀麗的面容更加典雅而邪惡
讓妳飄泊的靈魂更為清麗而頹廢
讓妳無處停泊的情愛更為纏綿破碎
讓妳無法自制的心魔更為狂亂紛飛
讓妳因恨而擁抱麵包捨棄玫瑰
讓愛妳的人傷得更重跌得更深
而後
我將用心血為妳調一首詩在雞尾酒裡

按這詩意，詩中主角「鬼精靈的小貓咪」，應已移民到西方極樂園，「為妳無聲無息的死亡……讓妳飄泊的靈魂更為清麗而頹廢……」。除非已確認「她」走了，否則不會直言「她」已死亡。

按詩述這隻小貓咪也是一個有傳奇故事的「奇女子」，身世也可能很坎坷，詩人對她心疼又深愛。所以，她的死，必然「讓愛妳的人傷得更重跌得更深」，詩人才要用深深的愛「用心血為妳調一首詩在雞尾酒裡」。啊！她雖已走了，有詩人懷念詩讚，也是獲得救贖！

這首詩用了相對衝突的概念（意象），如典雅而邪惡、清麗而頹廢、纏綿破碎、狂亂紛飛等。無非是要形容那女子的困境、掙扎、複雜等。

吾以為，這位奇女子，以一個女人的身份到人間走一回，至少她有過性愛之樂，「當妳專注於作愛的時候／在妳因讚美歌頌而臉紅微笑的時候……」。她完成「人道」，她「揮灑青春，追尋情愛」，她有過快樂！又有詩人的愛，應可安息！欣賞一首〈黑蝶．彩蝶以及春天〉。

之一：我的心如冬天的雪花飄落

春來
風吹大地
花開如海
我的心如冬天的雪花飄落

春又來
百花競開

鳥啼仍在
我的心依然如純白的雪花紛飛

春去春來
花謝花開
人世無常
繁華難再
萬物枯榮不定
雪花更為繽紛
我的心化為堅強的冰原千層

之二：憂鬱是千層黑色的冬眠

黑色的地底
寂靜的深冬
一隻小小的蛹
擁抱自己心中的激清與血紅

冥想著關於憂鬱的一切
心思飛騰澎湃
孤獨如海湧來
一顆小小的心
便凝聚為黑色的岩石
雖然靜止
永遠不死

之三：喜悅是一隻艷麗的彩蝶

雪飄千里
枯原萬丈
淒寒遠去
冰碎橫飛
破蛹而出
一隻小小的彩蝶
寧靜而純潔

以自由輕快的舞姿
直奔藍天
飛離冰野

之一有三小段，詩人面對這個世界，看到了一些真相。春去春來、人世無常、萬物榮枯不定，詩人的心原先只是「雪花飄飛」，不算太寒；到第三段「我的心化為堅強的冰原千層」，「堅強」二字是偽裝的正面價值，實則形容冰原千層，天寒地凍，了無生機。

之二「黑色的地底／寂靜的深冬／一隻小小的蛹……」牠憂鬱嗎？牠孤獨嗎？「雖然靜止／永遠不死」。埋在地底下總是不好受，我想牠一定是很急，急著期待一個新生，化成一隻燦爛的彩蝶。

之三牠終於「破蛹而出／一隻小小的彩蝶／寧靜而純潔／以自由輕快的舞姿／直奔藍天／飛離冰野」。這鮮活的意象和詩境，讓我們感悟到「一花一世界，一蝶一如來」。人世雖無常，萬物榮枯亦不定，但這便是世界之真相，宇宙之實相，詩人之悟應如是，並以詩說法。欣賞一首〈追尋〉。

追尋精神領域的聖城
在寂寞的大地
遙望微藍的晴空
有妳秀麗的倩影飛飄

我如西藏的苦行僧
追尋精神領域的聖山
在蒼涼的山間
遙望巍峨的群岳
有妳明亮的眼眸閃耀

我如西藏的苦行僧
追尋精神領域的聖寺
在莊嚴的殿庭
遙望肅穆的上樂佛
有妳迷人的神情留駐

深入去觀察世上各行各業爬上頂峰的人，大概都要有「苦行僧」精神，政客要爬上高位得忍人所不能忍，苦啊；商人要成巨富，得承受多少風險，苦啊；蔡英文要爬上權力高峰，得一輩子騙人，承受漫罵，苦啊！最神奇的發生在英國，卡蜜拉這女人從「小三」到「王后」，也被罵了一輩子，苦啊！

方飛白一輩子也在追尋，他也有苦行僧精神，但不是追尋財富、權力、地位。他「追尋精神領域」的聖城、聖山和聖寺，這是什麼？看似神聖而偉大！

聖城非城、聖山非山、聖寺非寺，而是追尋到「有妳秀麗的倩影飛飄、有妳明亮的眼眸閃耀、有妳迷人的神情留駐」。原來，詩人所追尋是一個心愛的女人，象徵愛情、情愛永恒的美女！

第十三章 夢幻的大海 瑰麗的相思台

認識飛白多年，除了知道他是浪漫、多情的詩人，也幾乎可以說是「阿拉伯專家」了，他對阿拉伯世界，舉凡與伊斯蘭有關之歷史、宗教、民族、語言、文字、古蹟、古物、古蘭經……幾無所不深研。從政大阿文系畢業，他便一頭栽進阿拉伯，從此不能自拔，只差沒有成為「阿拉伯人」！

此外，飛白也是一位極富正義感的人，對於貪污腐敗尤其痛恨。他曾舉發任職公司高層的貪污者，而受到無情的打壓，但他依然本著「千萬人吾往矣」的悲涼精神，「不怕當烈士」，奮戰到底，就是要伸張正義。他是一位可敬的朋友，真誠又可愛的老友！

在《我的青春：我的阿拉伯》一書之結論，他揭示了他的行事為人的三大綱領：㈠己所不欲，勿施於人；㈡即使世界崩落，也要正義伸張；㈢對於不義之事，旁觀者不言不語不作為，也將成為幫兇。

但飛白強調，不期待人人都有「烈士性格」。因此，任何人若知有不義之事，可私下給他資料或消息，他定直接告發，相信也是「功德」一件，打擊犯罪，人人有責，詩人與「有識之士」共勉，精神上亦常相左右。

飛白的「人生綱領」之核心思維，正是詩人最珍貴的「真性情」特質。難怪，他創作的作品不論何種形式（詩歌、散文、遊記、回憶錄等），都是真情流露、情不自禁，尤以他的情詩，幾使草木亦動情。他最善於捕捉美女（情人）的體態之美與媚，前面各章所舉情詩均如是，欣賞這首〈美麗的閃耀〉。

自記憶的國度
追尋妳的微笑
妳的微笑
在我心輕盈地跳躍

音訊隨那小小的郵票
在時光中飛飄
我因此

忘記了妳的微笑

每當
心靈伸展觸角
我又自記憶的國度
追尋妳的微笑

妳的微笑
在我心輕盈地跳躍
妳的微笑
是一次美麗的閃耀

在一切眾生、百萬億物種中，最神奇、最詭異也最誘人的眼睛，應該就是人類中女子的眼睛，尤以「絕色」之眼更有傾國傾城之魔（神）力。在西方，如「蒙娜麗莎的微笑」，據說她的微笑收入的門票錢，足以養一支龐大國防軍；而我們中國也有楊貴妃的「回眸一笑」，也產生強大的影響力，足以改變一個朝代。

可以這麼說，絕大多數男人無法抗拒「女人的微笑」，何況多情的詩人！「追尋妳的微笑／妳的微笑／在我心輕盈地跳躍……妳的微笑／是一次美麗的閃耀」。心愛女人的微笑，最值得追尋、深藏，當成一生最美的回憶。按普遍性法則，女人的微笑是男人的相思台，〈流星〉。

流星啊！
妳以燦爛的生命
飛過夜空
在荒荒涼涼的天上
獨自散發著光芒
我愛妳燦燦爛爛的生命

流星啊！
妳以短暫的生命
飛過夜空
在孤孤寂寂的天上
獨自享受著孤獨

我愛妳短短暫暫的生命
流星啊！
妳以超然的生命
飛過夜空
在昏昏暗暗的天上
獨自沉思著宇宙
我愛妳超超然然的生命

成語「白駒過隙」形容人生的短暫，一隻白馬躍過一個縫隙，時間只是一瞬，不到一秒，要比流星飛過夜空的時間更短。這麼短的人生，能期待什麼？詩人仍是有所期待的，「我愛妳燦燦爛爛的生命……獨自沉思著宇宙／我愛妳超超然然的生命」。詩人的天命正是一個沉思者、孤獨者，如這顆流星！賞讀一首〈天空〉。

妳是一張巨大的空白
詩人多色彩的幻想

想出了藍天
想出了雲彩
但妳經常只是空白

妳是一網巨大的黑暗
偶有星光燦爛
總離不了長夜漫漫
偶有月光一彎
總離不了悲愁離散
妳經常只是冷漠暗淡

天空啊
妳時而轟雷
但經常只是默然
妳時而降雨
但經常只是枯乾

天空啊天空
我在歲月裡仰望
四季為妳化裝
然而
妳的神情總是茫然

詩人是一個沉思者，當他仰望天空時，他的心念已在三千大世界週遊了一圈回來。人們都以為「空」就是「沒有」，其一切的「有」，都在「空」之中。所以，空便是有，你看宇宙萬有，不就存在宇宙大虛空之中嗎？你轉念思考，是否如斯！

所有星光燦爛，都被「一網巨大的黑暗」所網住。而月光、太陽光，不也是被一張巨大的宇宙黑網所包容？天空、日月、大自然都是「無情」（佛教語言），一切悲歡離合都是人的起心動念，借物感悟而已。欣賞一首〈妳來夢幻海〉。

黑色的巨海
神秘的黑塵埃
黑色的大海

妳飛來
浪花洶湧復澎湃
燈火放射變五彩

藍色的巨海
憂鬱的藍絲帶
藍色的大海
妳飛來
海鷗點水多輕快
白沙輕擁浪花海

紅色的巨海
靈秀的山水寨
紅色的大海
妳飛來
千古神話依舊在
一往深情似花開

夢幻的巨海
瑰麗的相思台
夢幻的大海
妳飛來
相逢異國情誼在
何年何日君再來

刻意每一段都加了韻，讓讀的更通暢和有味，海的各種顏色變換，應是暗示心情的轉變起落。會叫詩人心情起落的原因，當然是「妳飛來」，使詩人心中「浪花洶湧復澎湃／燈火放射變五彩……」。

但「妳飛來／海鷗點水多輕快」，妳來去匆匆，大海又成「藍色的憂鬱」，「一往深情似花開」，「夢幻大海成了相思台」。詩人始終仍在等，「相逢異國情誼在／何年何日君再來」，詩人等著妳，會等到地老天荒，等到海枯石爛，這是詩人的情愛不凡的地方。一首〈妳的笑容〉。

妳的笑容

如白鶴飛翔的天空
妳的笑容
如波濤澎湃的海中
沒有妳的笑容
天空只有無盡的虛空
沒有妳的笑容
海中只有昏暗的矇矓
今夜關山重重
聽得到妳的笑聲
看不到妳的笑容
但願來日重逢
聽得到妳的笑聲
看得到妳的笑容

「沒有妳的笑容／天空只有無盡的虛空／沒有妳的笑容／海中只有昏暗的矇矓」。可笑不可笑？天空本是虛空，大海昏不昏？與「她」何干？都是向杜甫學的壞毛病，「語不驚人死不休」，虛空也成了相思台。

「妳的笑容／如白鶴飛翔的天空……但願……」。何樣女子？成為詩人心中永遠想念，夢中最美的風景，留下一首詩流傳後世，妳的笑容便成為永恒的記憶；而詩人的情愛，即是永恒的神話。一首〈何日再憶儂〉。

春匆匆
醉春風
昂首晴空
看飛虹
山頭矇矓
心頭也迷濛
何日再憶儂？

秋匆匆
怨秋風
昂首長空
看飛鴻
歸意深濃

情意也無蹤
何日再憶儂？

兩段形式規格統一，讀起來有統傳詩詞的味道，深情款款的「何日再憶儂」？這位「儂」是否與詩人有一段情誼？才使詩人忘不了她！

情為何物？為何總是讓人懸念？一個情字，有如「夢幻的大海」，只是如夢如幻的大海，卻又像是眾生「瑰麗的相思台」；為情為愛，「捨生取愛」，禮讚雄螳螂之愛，欣賞這首〈雄螳螂之死〉。

黃昏啊！
妳詭異的金圖騰
在夕陽下發散死亡的氣氛

在作愛的黃昏
陰性的香味
隨著雲層輕飛
殘餘的霞光侵入幽暗的草堆

傳種的誘惑刺激螳螂的神經
你的殉情
是一則傷感的劇情
因愛而必須死亡
依著這種悲劇的永恒
螳螂的族譜得以不斷延伸
殉情是世間最高貴的完成

黑夜啊！
妳神秘的黑圖騰
在月光下瀰漫死亡的氣氛

在作愛的午夜
死亡的因子
隨著月光漂浮
游離的微光籠罩陰濕的夜景
繁衍的衝動迷亂螳螂的心靈

你的頭顱
是一粒不死的麥種
因愛而必然重生
靠著這粒麥種的消逝
螳螂的家族才能連綿千古
愛情是宇宙最強烈的毒素

螳螂啊！
你如聖徒膜拜的美姿
盼望上帝永生的祝福
終也脫不了死神的追逐
因上帝的背叛而死
或許還能在天堂
換得一席安息地做為彌補
然而為愛而死呢？
為愛而死
殉情是世間最燦爛的孤獨

螳螂啊！
你如戰士迎戰的雄姿
盼望疆場勝利的威武
竟也逃不了撒旦的劇毒
因戰神的背叛而死
或許還能在人間
爭得一塊紀念碑令人追思
然而為愛而死呢？
為愛而死
愛情是宇宙最迷人的毒蠱

這首詩在《阿拉伯的天空》詩集第二輯第一首詩，已編入並名〈雄螳螂之死：給夏溟〉，詩原刊於《中外文學》。在詩後有註解說明，在《世界地理雜誌》第四卷第三期，刊登一篇梁麗蓉小姐翻譯的文章，〈螳螂：打躬作揖的殺手〉，圖文並茂。

該文細述螳螂交配時，雄螳螂被雌螳螂的荷爾蒙吸引，交配到一半時，雌螳螂會先咬食雄螳螂的頭部，之後「無頭的雄螳螂」依其神經系統自律運作，還能與雌螳螂繼續「作愛」，以完成「死亡遊戲」。交配完成後，雌螳螂通常就吃掉雄螳螂剩下的身子。

整個過程充滿詭異、原始、殘酷、恐怖而令人毛骨悚然的感覺，飛白兄閱後有感而創作此詩。在《黑色情話》詩集又重刊此詩，顯見飛白兄對這首詩「寵愛有加」，這和他一生頌揚愛情、追尋愛情有關。

螳螂行為非人類所能理解，只能說那是牠們的本能，在牠們生命形成時，雌螳螂利用交配機會吃掉雄螳螂，已經在牠們基因中植入此一程式。或說這是生物千百萬年演化的結果，並無什麼道理可言，也和愛情無關。

詩人在〈雄螳螂之死〉，是從人類思維出發，才有作愛、殉情、為愛而死這樣的「高層次智慧行為」。同時，以牠們的行為比喻「殉情是……愛情是宇宙最迷人的毒蠱」。或許人類也好，螳螂也罷，在性愛的夢幻大海裡，永遠都是「瑰麗的相思台」！

第十四章 無法相忘於江湖的戀歌

《黑色情話》詩集，從構思到完成，經歷將近二十年的歲月，主要內容在描述人類的情慾，兩性在愛情的表現。例如，詩集封面採用倭國十八世紀畫家歌麿（UTAMARO，一七五四—一八〇六）作品，該畫描繪一對正在作愛的男女，男子手持一把扇，扇面上有一首詩，形容男子如一隻鳥兒，其長喙為蛤蜊兩片殼緊緊夾住，因而無法飛離的情景與困境。

這多麼形像化又具體，完全呈現男女作愛的情境。這就象徵男人為情慾所迷，無法自拔，無以脫身，意境深刻，頗能表達黑色和情話兩種不同感覺的情愛。這本詩集的每一首詩，都體現了不同的情話，但未必都「黑」。欣賞這首〈夜的思念〉。

夜之柔華
已然開放

夜之燈火
已然燦爛

輝輝煌煌的城啊！
金金黃黃的燈啊！
當我飛馳於妳
平坦的心上
是如何思念起
闊別良久
美麗的島嶼

南台灣的熱情
不亞於妳
微紅的臉頰
南台灣的海潮
不亞於
那紅海的浪濤

而少女的柔情
更勝於
妳黃昏的體溫
至於午夜
妳寧靜的輕盈
可提鍊些許
故園的思情

思念是一首
無法相忘於江湖的戀歌
思念是一條
無法忘懷於天涯的長河
到了遠方
不是為了流浪
只為了和緩
生命的憂傷
到了遠方

不是為了飄盪
只為了再寫
生命的重唱
命運紮根發芽
於母性的土壤
命運
發散光芒
於遙遠的星上

夜，是醞釀思念的相思台，夜又像一個鬼精靈。總是把你喚醒去思念遠方的人，尤其思念一個多情女子，或偶爾也想家、想父母親人。

此刻，喜歡流浪的詩人方飛白，又流浪到阿拉伯的何方，夜晚降臨，他的一顆心「飛馳於妳／平坦的心上／是如何思念起／闊別良久／美麗的島嶼／南台灣……」。原來在南台灣有一個讓他思念的人。

而這位讓他思念的「妳」，也曾和詩人有過一段情。「妳黃昏的體溫／至於午夜……無法相忘於江湖的戀歌」。詩人是一個多情種，凡有過好因緣之女子，都以真情之心，為她留下思念的戀歌。

「到了遠方／不是為了流浪／只為了和緩／生命的憂傷……」。生命的憂傷，為何要靠流浪遠方來和緩？不是越流浪越憂傷嗎？原因可能三毛最清楚，飛白兄也知道一些吧！欣賞一首〈笑春風〉。

春風吹
柳絲也飛
長青的高山
永綠的流水
我心卻遲歸
度一段空白的季節

春風吹
柳絲也飛
白雲與群山共醉
黃昏和大海依偎
輕風擁抱艷麗的長虹
彩霞擁抱溫柔的天空

而青春的歲月
將美好託付
記憶的流水

一樣的春風
一樣的三月
有細雨
我想妳
我記取的是
細雨紛紛
我舉起的是
醇酒滿樽

一樣的春風
一樣的三月
桃花開
李花也開

只是熟悉的腳步不來
春風吹
柳絲也飛
只是熟悉的身影不回
望流水
問流水

抒情、浪漫，有淡淡的感傷，令人回味引起相思的情詩。詩語言中不寫情愛，而自然情愛在其中，「白雲與群山共醉／黃昏和大海依偎／輕風擁抱艷麗的長虹／彩霞擁抱溫柔的天空」。無情物（佛教語言），擬人化處理後，呈現濃濃的情味，黃昏和大海如情人依偎。

如果想像，是因為詩人有所思念，大自然的「情人」已相依偎，春風吹、柳絲飛，桃花李花都開了，這是情人約會的季節。然而，「只是熟悉的腳步不來……只是熟悉的身影不回」，怎不令人感傷？

曾經熟悉的身影，曾經在午夜共醉的情景，今何在？「望流水／問流水」，都說只能在夢中「我想妳」。但醒來後，依然想念妳，想妳是我「無法相忘於江湖的戀歌」。一首〈地底的夜都〉。

在一個溫柔的夜裡
因著一個期望
來到地底的夜都
與妳相逢
直覺上
在彎彎的地道之後
將有一種幸福

霓虹的幻彩閃爍著
地底的夜都燦爛出
黑暗中的光芒
而那道自上而降的光柱
有如來自天上的啓示
透過桌面的玻璃
映現一團團飛飄的煙霧

如同一層層飛飄的虛無
好像在講述
遙遠世代的一個故事

樂聲輕飄
歌聲昂揚
熱情而浪漫的夜啊
在激越的舞步中
心思是一條奔流的河
在春風中飄遙

在酒杯中
一輪白色的朝陽
將自地平線昇起而夜的都城
在地底將永遠留存

女孩

除了歡笑
我們尚有永恒可以追尋
在更深的夜之後
將有一輪白色的朝陽
自酒杯中昇起

孤寂的身影，流浪在孤寂的天涯路上，雖說地球暖化，沙漠溫度更高。但這不代表孤寂的心是溫暖，何處有溫柔鄉可以得到一絲暖意？何處有溫情可以得到安慰？就在那裡駐留！

啊！有了！「地底的夜都」是溫柔鄉（可能是一個神秘的地下酒吧之類）。在此「將有一種幸福」，而且「地底的夜都燦爛出／黑暗中的光芒／有如來自上天的啟示……」。果然，「地底下」充滿神秘感，有了神秘感，就有了引誘力。

「熱情而浪漫的夜啊／在激越的舞步中／心思是一條奔流的河／在春風中飄搖」。這是一個讓人奔放、解放的地方，加上有酒、有美女，浪漫之夜啊！溫暖了流浪者孤寂的心！

「女孩／除了歡笑／我們尚有永恒可以追尋」。何意？地底夜都何來永恒？詩人之意大約說留下一首詩便是永恒！「白色的朝陽」自酒杯中昇起，意象不是很明確，是不是喝醉了？無論如何！曾經有過的體驗，不也是無法相忘於江湖的戀歌嗎？一首〈綠門紅玫瑰〉。

綠門的光芒
午夜的天空
繆思的左手
精神的溝通
愛神的金箭
燦爛的相逢

綠門紅玫瑰
妳如清晨的微風
綠門紅玫瑰
妳如雨後的彩虹
綠門紅玫瑰
妳如多情的天空

午夜的芬芳
天空的花園
百花艷麗地盛開
而逐漸凋零之後
獨留一朵紅玫瑰
一朵微紅的玉
一朵寧靜的妳

以開闊的理智為根鬚
抱擁大地
吸吮泥土滿盈的汁液
以豐盛的情感為枝枒
迎向天際
輕展太虛柔美的羽翼

於是
明亮的玫瑰

便在午夜的芬芳盛開
清靈而飛飄
秀麗而神秘

我在純黑的地底中
追逐著突破
追逐著光明
掙扎千年
終於發現
一座莊嚴的聖殿
一座燦爛的玉
一座美麗的妳
我在深廣的巨洋中
追逐著寶藏
追逐著神奇
沉浮千年

終於發現
一座輝煌的龍宮
一座燦爛的玉
一座美麗的妳

我在無限的天空中
追逐著晚霞
追逐著彩虹
凝視千年
終於發現
一座輝煌的真空
一座燦爛的玉
一座美麗的妳

我在茫然的宇宙中
追逐著星雲
追逐著生命

飄盪千年
終於發現
一座超然的浮雕
一座燦爛的玉
一座美麗的妳

綠門紅玫瑰
願妳的生命
是一首永恒的詩歌
不斷地在宇宙間流傳
綠門紅玫瑰
願妳的生命
是一顆不滅的星子
永遠地在宇宙間流轉

愛妳的心思自神秘的國都
起飛

從阿拉伯半島
飛渡遼闊的印度洋
願海上多情的風神
帶到美麗的島嶼
給燦爛的玉
給美麗的妳

而我將深深地愛妳
在心靈遙遠的重逢
而我將深深地愛妳
在異國飄泊的夢中

又是一首「無法相忘於江湖的戀歌」，流浪的旅途中，遇上了多情美女，詩人的筆總是情不自禁的揮灑誘人的情詩，「綠門紅玫瑰／願妳的生命……愛妳的心思自神秘的國都／起飛……」。

〈綠門紅玫瑰〉一詩，在《紅海飄泊紅玫瑰》詩集的〈紅玫瑰組曲〉，已先編入放在全書的第一首。在本書第二部已簡要提及，飛白兄又收入《黑色情話》詩集，顯見飛白兄對這首詩寵愛有加，也很有代表性。因此在本章，就全詩完整展出。

「綠門」，一定是遊子想去的地方，或是可以讓人不想回家的地方，因為這裡有「紅玫瑰」；她「如清晨的微風、如雨後的彩虹、如多情的天空」。這個「她」，讓人很舒服，讓人想多看她一眼，讓人仰望！

她還有更特別的地方，當百花盛開「而逐漸凋零之後／獨留一朵紅玫瑰／一朵微紅的玉／一朵寧靜的妳」。此處已暗示，這個叫「綠門紅玫瑰」的美女，有不凡的氣質，她打敗了所有美女，集三千寵愛於一身。

中間各段都是詩人對「綠門紅玫瑰」的讚美。終於發現「一座莊嚴的聖殿……一座超然的浮雕／一座燦爛的玉／一座美麗的妳」。最後用「浮雕」形容這綠門紅玫瑰，想來她便是蒙著面紗的伊斯蘭美女。

綠門紅玫瑰，她和詩人定有一段難忘的情誼。詩人才會白紙黑字寫下「愛妳的心思自神秘的國都／起飛……而我將深深地愛妳／在異國飄泊的夢中」。

這些詩人的曾經擁有，都已過了幾十年，詩人也早已離開阿拉伯多年。但身為飛白的老友，我了解、我知道，阿拉伯仍是他最美的風景，而與他有過一段情（友情、愛情）的女子，仍是他無法忘懷的戀歌，永恒不忘的情愛！豐富並美化了他的詩作，足可再流傳後世！

第十五章　追尋一片更艷麗的天空

方飛白接觸詩是在他的國中時代，數十年從未中止，所以他等於從小到老（筆者寫本書時他已快六十五歲），對詩（傳統詩、現代詩），他都保有高度熱情的詩人。他用詩記錄生命的過程，以詩揮灑他的情愛。

飛白在《阿拉伯的天空》詩集說，「詩是我生命的註解」。他表示，喜悅時便寫出柔美的情歌，憂鬱時便唱出灰暗的輓歌，人間的喜、怒、哀、樂，都是對生命內在的註解。但我看大多是柔美的情歌，輓歌較少！

飛白寫詩是為記錄生命長河的諸種風景，以留下宇宙間一粒微塵的短暫歷史。由此簡述，飛白在年輕時代（約三十歲），似已有《金剛經》的境界，我等都是三千大世界裡的一粒微塵！

而關於永恒，他的詩常用永恒二字。但他認為，似乎只有上帝與魔鬼才有資格去辯證。若依佛法論述，一切都沒有永恒，無常是真相。賞讀飛白的詩，〈古典而浪漫的吉普賽〉。

綠門的柔光
英格蘭傳統的燈火
晶亮的酒杯
夜海中閃爍的泡沫
第一次我望見妳的心靈
新月般的古典
流星般的浪漫
妳雅靜的面容
是古典最優美的詮釋
妳秀麗的神色
是浪漫最深情的表達
透過綠門的柔光
我望見妳心靈的柔光
烏柔的秀髮垂肩
夜裡一片深廣的巨海
起伏著純黑的柔浪

呼喚著天際新月的微光
在妳靈秀的眼眸
我追尋著古典的神話
在妳嬌柔的雙唇
我思考著浪漫的根源

或許
妳也誕生於海上的泡沫
那純潔的女神
站立在純白的巨貝上
海風飄起秀麗的長髮
她以清靈飛飄的赤裸
向世界展現完美的優雅
而成為廣闊海洋的焦點
正如妳本身
深廣而充滿未解的神秘
澎湃而充滿無限的魅力

海洋是妳永恒的故鄉

飛白的詩所描述之女子，有不少數是伊斯蘭教女子，這首詩寫的是吉普賽女郎，可能也是「綠門」的因緣認識。從詩意判斷，「第一次我望見妳的心靈／新月般的古典／流星般的浪漫／妳雅靜的面容」，詩人對這女郎，應已有幾分熟悉，才能看到她的「心靈世界」。

接著是對這美女進一步的描述，「妳秀麗的神色／是浪漫最深情的表達……」可見這女子也是讓人動心動情的天生美人：「夜裡一片深廣的巨海／起伏著純黑的柔浪」，此言頗有性愛的暗示。

最後讚美她是海洋女神，「正如妳本身／深廣而充滿未解的神秘／澎湃而充滿無限的魅力／海洋是妳永恒的故鄉」。吉普賽女郎，如其民族，始終是一團神秘，而人都好奇，越是神秘越想去探解。欣賞另一首〈追尋一片更艷麗的天空〉。

夜更深了
一個多夢的午夜
午夜
迷人的玫瑰

午夜
醉人的薔薇
我夢入長安
看太白共涼月而狂醉
我夢入金華
看易安望花影共憔悴
也愛杜牧的情懷
夢入飄雨的秦准
看那年輕的女孩
冷冷的風中
冷冷的手
長長的雨絲
長長的髮
紅紅的燭光
紅紅的唇
柔柔的午夜
柔柔的妳

如果沒有妳
月亮只是遠方寂寞的星球
而不是充滿傳奇
如果沒有妳
流水只是山林陌生的迴響
而不能帶來音信
春情多少
溫柔多少
舞動於細細的腰際
飄浮著輕輕的柳絮
當春風歸去
只留下艷麗的記憶

當春風歸去
只留下艷麗的記憶
三月

將大自然雕成春天
春天在和風中誕生
我也自春天中醒來
夜更深沈
夜更靜
多夢的午夜
記憶的春天

三月的和風吹
看春紅彩蝶齊飛
三月的和風吹
看雪花飄成花蕊
三月的和風吹
艷麗的玫瑰血紅
楊柳的枝葉深濃
青春也像玫瑰
在風中盛開

青春也像彩蝶
在風中去來

三月
將大自然雕成春天
當春風歸去
只留下艷麗的記憶
然而
青春的火種
在飄雪的深冬
仍夢想著一簇花叢
仍夢想著一陣春風
仍夢想著一次重逢

然而
青春的女神
在飄雪的深冬

仍伴我迎向狂風
仍伴我衝出朦朧
仍伴我飛往彩虹
追尋一片更艷麗的天空
而今
我仍在追尋中
在追尋中
追尋中
追尋一片更艷麗的天空

夜仍是夜
冷雨也還飄著
蒼鷹繼續飛翔
絕望的黑絨深處
藏著黎明

「追尋一片更艷麗的天空」，這似乎是自古以來，身為中國詩人的天命。此

「天空」非天空，而是更上乘的作品、更浪漫、唯美的情懷，乃至更永恒的愛情都是。這些都是詩人美麗的天空，老夫春秋已過七十，也仍在追尋一片更艷麗的天空。

「美麗的天空」，詩人發揮了想像力，用想的、用夢的，便與三個我們中國歷史上偉大的詩人「同框」：李白、李清照和杜牧。而飛白兄的詩及其人之品性風格，也和這三位詩人最為神似。

詩仙李白是浪漫主義詩人，和方飛白的浪漫有如一家人。而「李白斗酒詩百篇」「古來聖賢皆寂寞，唯有飲者留其名」，更是飛白所信服（信仰）和學習的典範，他的浪漫精神如現代李白。

「看易安望花影共憔悴」。我們中國最著名的第一女詞家，因其詞有「新來瘦，非干病酒，不是悲秋」、「知否？知否？應是綠肥紅瘦」、「莫道不銷魂。簾卷西風，人比黃花瘦」三句，故人稱「李三瘦」。飛白的多愁善感，使他的作品有些像易安情懷。

而杜牧憂國之精神，「商女不知亡國恨，隔江猶唱後庭花」、「東風不與周郎便，銅雀春深鎖二喬」、「清明時節……」；以及〈江南春〉，「千里鶯啼綠映紅，水村山郭酒旗風。南朝四百八十寺，多少樓臺煙雨中。」凡此，其意象之鮮美，境界之高，都是飛白所追尋，也可以從他的許多作品，看到杜牧的「影子」。

就在這首詩中，你是否讀到太白的浪漫、易安的憔悴和杜牧的情懷？而今「我仍在追尋中／在追尋中／追尋中／追尋一片更艷麗的天空」。筆者有幸，與詩人同行，在黃昏彩霞中「仍夢想著一簇花叢、一陣春風、一次重逢」，這追尋，我們身為中國詩人之天命。欣賞一首〈又飄入紅塵〉。

原以為
風塵的刀劍
將消逝在妳柔情的笑聲
轉瞬間
妳明亮的笑聲
又傳向風塵的夜色裡

妳在夜裡的微笑
仍令我神采飛躍
妳在血裡的微笑
仍令我心盪神搖

妳論劍時的風采
似乎永不再歸來
我笑談中的夢想
在風中空自盪漾

浪漫、典雅的小品，似也潛藏著性愛暗示，「妳在夜裡的微笑／仍令我神采飛躍／妳在血裡的微笑／仍令我心盪神搖」，而妳「論劍」時的風采，用的絕妙，試想，三更半夜，二人如何在床上「論劍」？

從潛意識心理學家如佛洛依德所證述，人類一切創作成就都和「性愛」二字有關，而「性」更是直接關係。所以性愛是一種強大的力量，稱之「Libido」（性、慾望、生命力）。

文學作品中的情詩，如古代宮體詩、民初徐志摩的情詩，今方飛白《黑色情話》之情詩等。性愛（不論真實或想像），就是情詩的「基本元素」，抽離性愛元素，即非情詩。

附錄

方飛白（方清滿）人生旅程簡表

一九五八年（民國四十七年）一歲

△四月二十七日，出生台灣省雲林縣虎尾鎮。

一九六三年（民國五十二年）六歲

△小時候，常到虎尾溪玩，旁邊是糖廠，有許多大樹，如森林一般。

一九六四年（民國五十三年）七歲

△就讀雲林縣虎尾國小。

△曾與父母親，返澎湖西嶼探親。

一九六五年（民國五十四年）八歲

△盲人相命師告知我的未來：「鯉魚困守在江中，等待天空一聲雷，跳出外海變成龍」云云。似乎暗示未來到海外發展佳。

一九六七年（民國五十六年）十歲

△小時候，很瘦小，母親告知，曾膽破汁流，送「若瑟醫院」，西醫宣告沒

救了。結果，母親請父親去找「大春」中醫師，看幾次，吃中藥，就好了！神奇！

一九六八年（民國五十七年）十一歲

△家貧，母親為人和善，隔壁藥廠老闆願意借款給母親，家用不缺。

一九六九年（民國五十八年）十二歲

△家中人口眾多，兄弟姊妹沒機會上大學，我幸運能上國中，並一路考上政大。

一九七〇年（民國五十九年）十三歲

△就讀虎尾國中。有所謂升學班，我是其中一名，為惟一之「男女合班」。

一九七一年（民國六〇年）十四歲

△國文老師陳木火引導大家試著寫對聯。

一九七二年（民國六十一年）十五歲

△國中為拼考上好高中，記憶中在熱天中，脫衣苦讀之情況，深留記憶當中！

一九七三年（民國六十二年）十六歲

△考上台南師專未就讀，轉讀嘉義高中。

△國文老師蔡乃涵喜愛中國古詩詞，在這方面，對自己古文，古詩詞有深刻影響。

一九七四年（民國六十三年）十七歲

△記憶中，住嘉義高中附近光明路的古宅，有庭院，後面有廂房，當年同居好友李順義，至今有聯絡。

一九七五年（民國六十四年）十八歲

△父親曾到嘉義訪我。

一九七六年（民國六十五年）十九歲

△考入政大歷史系。

△國中時期，就對歷史較有興趣，導師廖金常努力教學，指導，很有關係。

一九七七年（民國六十六年）二十歲

△轉讀政大東語系阿文組。

△次年，校長李元簇將「阿文組」，升為「阿文系」，故我畢業時為「阿文系」。

一九七八年（民國六十七年）二十一歲

△在政大初戀。

△開始寫一些情詩。如〈追尋〉、〈天空〉、〈流星〉等詩作。

一九七九年（民國六十八年）二十二歲

△開始思索、考慮未來之出路。入公家機構或私人工程公司，未來會有「大

大之不同人生」。

一九八〇年（民國六十九年）二十三歲

△阿文系畢業。當預官，在小金門任少尉排長。

△訪金門方氏祖祠。拜訪後頭方氏族人，得見方氏後人留存之方氏祖譜。

一九八一年（民國七〇年）二十四歲

△自小金門移防大金門之金陵山莊，之後，又移到高雄之九曲堂，衛武營。

△寫〈夜之鬼〉、〈金狼堡之夜〉等詩。

一九八二年（民國七十一年）二十五歲

△在高雄衛武營退伍。

△準備出版第一本詩集《青春路歸何處》，收集高中，大學，從軍階段之詩作品。

一九八三年（民國七十二年）二十六歲

△任職中鼎工程公司，到沙烏地吉達工作。

△紀念老友高宏亮出版《青春路歸何處》。

一九八四年（民國七十三年）二十七歲

△在吉達與朋友出版「紅海」，述說在異國他鄉之生活與心情。內容包括阿拉伯風光景色與情詩等。

△遊泰國。到曼谷，清邁，金三角等地。

一九八五年（民國七十四年）二十八歲

△於齋月放假，與同仁共遊約旦王國。

△寫了〈從紅海之濱到死海之畔〉一系列之阿拉伯記遊詩作。

△出版《紅海．飄泊．紅玫瑰》詩集。收自己詩作與波斯神秘蘇菲 Jalalu AL-Din Rumi 和 Khafiz 介紹與詩作。

一九八六年（民國七十五年）二十九歲

△因詩友介紹，認識羅青大師，在其舉辦之活動中，認識林智溶兄，後來，又結識「曼陀羅」諸位詩友，如楊維晨，陳皓，董雅蘭，黃靖雅，鴻鴻，憂宇等人。

一九八七年（民國七十六年）三十歲

△因楊維晨等詩友之邀，加入《曼陀羅》詩社。

△開始翻譯阿拉伯女詩人詩作登於「曼陀羅」。

△遊馬尼拉，友人介紹認識月曲了，平凡，陳默等菲國華人詩友。返台又認識向明、張默前輩。

△由楊維晨、董雅蘭大力相助，出版《阿拉伯的天空》詩集。（豪友出版社）

一九八八年（民國七十七年）三十一歲

△遊沙國南方之 **Jizam-Najram-Asir-Farsam** 等地。寫長詩「阿拉伯的大荒野」記之。

一九八九年（民國七十八年）三十二歲

△調職回中鼎台北總公司。

△遊土耳其，埃及，希臘等國。見各大文明古國之神奇，雄偉，秀麗古跡。並開始寫各國遊記，登於報紙，雜誌。

△退出《曼陀羅》詩社。

一九九〇年（民國七十九年）三十三歲

△遊敘利亞大馬士革、**Homs**、**Lazqiya**、**Ibla**、**Allep**、**Ras AL-shamara** 等地。得見烏邁亞王朝建築之雄偉，亞述帝國之文物。最難得的是看到楔形文字之收藏寶庫之一古城 **Ibla** 與世上最早字母泥版出土地 **Ras AL-shamara**。

一九九一年（民國八〇年）三十四歲

△與老同學方則揚共遊上海、北京、蘇州、杭州。得見古跡之美與山川之秀。

一九九二年（民國八十一年）三十五歲

△詩友之邀，如入《薪火》詩社。助力出版詩刊之十五，十六期詩刊。並

曾出版《薪火詩卡》。

△遊印尼雅加達，峇里島。見其廟宇，舞蹈之美。

一九九三年（民國八十二年）三十六歲

△嘉義中學有許多校友在北部，並組成北部之「校友會」，在此認識不少學長，如謝登欽，張文雄，艾天喜等。並因此認識他們的友人林昭仁夫妻。

一九九四年（民國八十三年）三十七歲

△一月遊印度 New Deli Agra Jai pur 等地。得見 Jama、Masjid、Sikri、Qutb Miman、Humayun's Tomb、Taj Mahar 各地風光與建築之豐美。

△六月，自己設計出版《黑色情話》。（情詩集）。

一九九五年（民國八十四年）三十八歲

△參加台北主辦之「世界詩人大會」。結識土耳其、印度、泰國、波斯尼亞各國詩人。

△自中鼎退休。

△赴上海投奔學長鄭士毅兄。工作之餘，遊上海各地古跡，古董商場。得以買到于右任，吳稚暉等名人書法真跡（在台灣時，賣給李敖。）

一九九六年（民國八十五年）三十九歲

△與軍中同袍方春泉重逢於上海。因自己無力在中國發展，欲返台。他則

留上海，為友人工作。後又轉到東北，至今仍在遼寧。

△曾到南京友人莊清淥公司工作。

一九九七年（民國八十六年）四十歲

△自上海返台。

△曾在「正新語文中心」任職，當時有經營土地買賣與網路相關股票交易事務。因此，又與高中同學孟嘉元聯絡合作相關生意。

一九九八年（民國八十七年）四十一歲

△因詩友晉立兄之邀，就任聯合報系統之「喜福網」（www.herefrow.com）。任副總經理兼業務部經理。曾赴上海、南京、北京各著名大學談合作。

一九九九年（民國八十八年）四十二歲

△喜福網因故結束。令人意外。因當時網路事業正在興隆，電子書亦大有可為！可惜！

△同學討論是否赴柬國工作。

△出版兩岸特使小說。損失十六萬元。

二〇〇〇年（民國八十九年）四十三歲

△因同學孟嘉元之邀，赴柬普寨工作。得知台灣有不少人在柬國發展（如土地買賣，開發等）

二〇〇一年（民國九〇年）四十四歲

△與同學孟嘉元赴泰國曼谷，訪中鼎工程之葉總經理，洽談柬國發電廠案。中鼎原有意訪金邊，後因SARS疫情大爆發而未成行。

二〇〇二年（民國九十一年）四十五歲

△因方則揚同學之故，而認識陳啟禮大哥，曾赴其金邊豪宅數次，談其想返台之事。事未成，後來，他因病過世。

二〇〇三年（民國九十二年）四十六歲

△離開同學孟嘉元在柬普寨的公司。他因彈盡援絕等原因，電力工程案推不動，投資失敗。

二〇〇四年（民國九十三年）四十七歲

△因中鼎工程之需，再赴阿拉伯工作。首次到卡達就職。得見阿拉伯新興國家之新氣象。

二〇〇五年（民國九十四年）四十八歲

△卡達在海邊建立博物館，造型奇特，乃是華人建築師貝聿銘大師之手筆。假日時，同仁常去觀賞海畔風光。

二〇〇六年（民國九十五年）四十九歲

△遠見雜誌記者團訪卡達。助其採訪各重要單位，例如：進入半島電視台

採訪等等。因而與當時瑪莉總編輯認識。他們返台後，出版卡達的專題報導。

二〇〇七年（民國九十六年）五〇歲

△父親過世

△卡達工程接近完工，調沙國東部，解決一些問題。最重點是中國中石油員工的三仟人Block Visa。最終順利完成任務。

二〇〇八年（民國九十七年）五十一歲

△離開沙國東部，調到阿聯酋，配合中鼎台北派來之調查小組工作。

△訪杜拜，再見學長韓學斌。經歷科威特戰爭，韓學長在杜拜建立餐飲業王國，再重新站起來。

二〇〇九年（民國九十八年）五十二歲

△自阿聯酋之Abu Dhabi調回中鼎台北總公司，半年後自中鼎工程離職。

△到廈門，福州等地，從事兩岸交流與旅遊。

二〇一〇年（民國九十九年）五十三歲

△母親過世

△為學長韓學斌兄出版《留學烽火中東》。（聯合百科電子出版。）原計劃出版「四本書」，後來，只出版二本，學長不幸去世，留下遺憾！

△與韓學長討論出版計劃與其北京三合院中收藏，是來自甘蕭之古代文物，計劃先拍賣幾件看看。

二〇一二年（民國一〇一年）五十五歲

△再為學長韓學斌出版《中東白手起家》。（稻田出版社。日期：二〇一二年十月）

二〇一三年（民國一〇二年）五十六歲

△到上海，南京等地，拜訪台商友人，並遊歷各地風光。

△遊越南胡志明之唐人街，獨立宮，戰爭博物館，古芝地道等。

二〇一四年（民國一〇三年）五十七歲

△與友人在泰國，柬國各地從事商業考察活動。並在曼谷成立公司。

二〇一五年（民國一〇四年）五十八歲

△因物料，人力匯款問題，再赴河內，與友人見面討論。並遊芽莊，下龍灣等名勝古跡。

河內的重要古跡有：三十六行之古街，還劍湖，水上木偶劇，古廟古音樂欣賞，胡志明之陵寢，聖約瑟教堂等等。

△編輯詩友合集出版「愛河流域」。

二〇一六年（民國一〇五年）五十九歲

△因友人之邀，加入數局直銷，皆無大利，損失不少。這類問題，告上法庭，也無結果，通常和解了事！或者，數年也不結案。顯示台灣法治大有問題。如「愛的世界」案件已經告訴數年，也不結案。

二〇一七年（民國一〇六年）六〇歲

△追討友人欠款，告到法庭，最後亦沒結果。顯示台灣法律有大問題，似乎在保護有問題違法人士。無法保護受害人。

二〇一八年（民國一〇七年）六十一歲

△因許麗明之邀，再赴柬普寨探險。

△用心企劃，向東國北方旅遊，前進 Kompong Chinan、Kompong Thom、Battambong 等地參觀更多古蹟，塔廟與博物館。最重要的是世界遺產 Sampo Preh Kuk 與 Preah Vihere Temple。

二〇一九年（民國一〇八年）六十二歲

△十月間，學長韓學斌因肺癌病逝。

△更深入柬國北方，重訪吳哥窟，並向更北方，探訪 Banteay Chimar、與雲中聖寺（Prasat Preah Vihear），其石頭建築與雕刻藝術令人讚嘆！不愧為世界遺產！

二〇二〇年（民國一〇九年）六十三歲

△多次往返台灣與柬普寨。因心關新冠肺炎（COVID—19）大爆發，不再去柬國。

△與老友合作古董買賣行業。

二〇二一年（民國一一〇年）六十四歲

△在柬友人慢慢返台灣，不敢再去。

△去中國發展的台灣人也逐漸回流台灣，可見中國政經發展，發生極大改變。

△再編輯出版詩友合集之《人間行旅》。（文史哲出版社。）陳福成兄大力支持，才得以順利印行。

二〇二二年（民國一一一年）六十五歲

△許麗明為她的事業，必須再赴柬普寨處理事情。本人未注射疫苗，無法前往柬國。友人邀團想去遊吳哥窟之事，也因此停止（柬，泰，緬等國詐騙事件，也是重要因素。）

△陳福成兄出版《中國新詩百年名家作品欣賞》一書，陳兄把民初以來，名家名作略為簡介。也把詩友范揚松，吳明興與我的作品介紹。本人詳讀，寫了心得，也回應給陳兄參考。

△陳福成兄出版《進出方飛白的詩與畫：阿拉伯風韻與愛情》。

詩人畫家方飛白的異想世界

張學海

曾經長期旅居中東的詩人方飛白，除了作詩之外，也不時作畫自娛娛人。有些是因為自己旅遊過的地方，而得到一些靈感來源。（如去阿拉伯各國旅遊如去柬埔寨、泰國各地參訪）

也有的畫作，是因為研究一些不同文化得到的啟發。（如原住民族之文化中國古代文字、Islamic Sufism）

另有的畫作，可能來自自己潛意識的片斷或者夢中的幻想？

將方飛白這些各種系列的畫作予以梳理，各式各樣系列作品，主要的內容如下所述：

一、原住民系列

方飛白曾經和友人去花蓮遊玩，看到廣闊的山岳和蔚藍的海洋，也看到原住民的各種不同圖騰，有許多的感覺，所以寫了不少詩作（有的已發表出版），也畫了不少與原住民相關主題的畫作。

非原住民身份的詩人方飛白，要寫原住民元素的詩作；與非畫家身份的詩人方飛白，要畫原住民元素的畫作，同樣令人疑惑，不解這個勇氣從何而來？

如果沒有豪放不羈的性格，是不會遊走海外的；如果沒有浪漫情懷的特質，是不會寫出詩句、繪不出畫作的。

誰說詩人不能成為畫家？原住民中不是有一位歌手、油漆工，如今已經成為世界知名的藝術家？

花蓮阿美族的優席夫現在旅居愛丁堡的國際當代藝術家，只有高中學歷。原本還是歌手、油漆工。

在因緣際會之下，走上藝術之路，更登堂入室，走進國際的藝術殿堂。我是這樣的感知，看過他原住民系列的作品之後，不禁覺得，原來他是一個非原住民的原住民畫家？！

方飛白原住民系列大致可以分為下列的作品：

1. 蛇之圖騰
2. 原民部落祭祀儀式
3. 台灣原民的巨石文明
4. 原住民圖騰與中國古文字的合體

5.各種不同文明圖騰的合體

看過這些作品，包含台灣原住民部落祭祀儀式、巨石文明、圖騰與古文字的合體，以及不同文明圖騰的合體，內容相當豐富多元。

圖騰，是一種標誌，是一種希望，是一種精神，更是一個民族的文化象徵。台灣的原住民部落裡，更流傳著許許多多可歌可泣的古老傳說，他們將這些圖騰視為至高無上的象徵。作品中有一幅，就是臺灣原住民的蛇圖騰與祭壇的結合。

由此，可以想像方飛白喜愛到花蓮台東山之巔、海之涯和部落社區之間，對於他的美感養成、原住民部落文化特色大有助益。

畫家到大自然旅行，觀察美學的奧妙、體驗不同地理、人文、環境……成為作畫的養分、素材，也是啟動靈感的源頭。

阿美族主要分布在台灣東部沿海，根據地理分布分為：

北部阿美族，服飾以紅色為主；

中部秀姑巒阿美和海岸阿美，顏色以白色為主；南部馬蘭阿美和恆春阿美，顏色則以藍色為主。但南勢阿美族的傳統服飾顏色是黑色，隨著觀光發展和推廣，為了表演上的視覺需求，才由黑色變為紅色。

阿美族女性以紅色和黑色為主要色系；男性則以藍色、黑色和紅色為主要色系。紅色也是阿美族最主要的顏色，代表太陽、亮眼、危險、合協；黑色代表大地、土壤、神秘及保守；藍色則代表青山綠水、藍天草園、山水宜人；白色代表白雲、純潔、乾淨；織布（條）紋線是代表和協、牽手心連心等等的顏色。

「星辰」是阿美族最具代表性的圖騰之一，象徵宇宙星辰的力量，宛如母親一樣的偉大，時時守護在子女身旁。

方飛白從台灣走出去，因而有國際視野，也在返台之後觀照台灣的原住民文化，自然而然把不同的文化予以揉合，創作出既傳統又創新的原住民畫作。

希望他將原鄉的濃烈色彩，有朝一日揮灑於國際，讓世界認識台灣原住民、也看見台灣。

旅居海外多年，詩人多愁善感的因子，卻心懸故鄉，於是返回台灣之後，重新踏遍全島，尋訪各地名勝。

幾度東海岸之旅，他終於明白自己的另一個使命，要為台灣這塊土地與部落在國際發聲。

觀賞原住民的畫作時，深刻感受到如果台灣要找到自己的國際定位，以及用自己的文化特色當作媒介，就必須檢視台灣最基礎的文化資產是甚麼？毋庸置疑的就是原住民文化！

在台灣這塊土地，長期忽視原住民的珍貴文化資產，並對原住民文化有所忽視甚至歧視。久而久之，整個歷史脈絡，社會環境讓原住民也缺乏自信，當廣大的原住民不承認自己是原住民時，原住民文化恐將無法傳承。

對於方飛白一個詩人，非原住民的原住民畫家的用心良苦，是否更值得關注與鼓勵？！

二、心山水系列

這一類的作品，詩人畫家方飛白，不是真實寫生畫出的山水，而是存在心中想像的山水，有些是印象，有些是抽象。這類的畫作，不求山與水之外在形式，完全是自己隨意之所至，或是飛閃而過的靈感而畫，給觀者豐富的想像空間。

在風格與美感特質上，偏向觸覺型繪畫表現，其特質如下：

用黑色描繪水與水的輪廓，線條看起來有點粗獷的感覺，但細看之後，線條的構成巧妙的把山與水合體。比較不重視光影與自然色彩的模仿。「似山不是山卻是山；似水不是水卻是水」，方飛白這樣的風格，應該是看到花東海邊的景點特色，「山連著海，海戀著山」。詩人自由的把夢中的山水予以幻化成不是真山水的「心山水畫」！

三、抽象系列　潛意識系列　與其他畫作

抽象藝術一般被理解為一種不描述自然世界的藝術，透過形狀和顏色以主觀方式來表達。

20世紀初期，抽象藝術主要是指表達自然世界的藝術，抽象派被定義為沒有比喻現實參考的藝術。一般來說，抽象畫，就是用線條和顏色，以個人的主觀來表達自己的想法與情感。

抽象，這個與具象相對的概念，指的是人在認識思維活動中捨棄事物表象的因素並抽取本質的因素，偏重的是「抽取」，是「不描繪」，也不以自然物象為基礎，它不同於中國文人畫裡「寄情於景」「借物喻人」「吟詠性情」式的「抒發」和「表達」。

因此在抽象畫看不到與自然物象相同或相近的地方。它雖然也重視表達自然，但僅以基本的繪畫語言、符號和形式因素來加以創作，藉此表達創作者的某種情緒、意念等精神上的體驗和感受。

所謂抽象主義，其本質是個人有自發的主張，強調一種繪畫的思維、觀念與形式。以直覺和想像力來作為創作的出發點，排斥一切象徵性、文學性、說明性等的表現手段，僅將造型、構圖和色彩等藝術本體元素加以綜合、組織，

並呈現在畫面上。

如果，要和現代詩來相比，詩人畫家方飛白的現代畫，所呈現的無限性與自由性是更超越現代詩。抽象中有的浪漫、有的奔放……甚至，有人認為這種隨性的畫作，可以作為情緒療癒之用。

方飛白曾經表示，也許很難評斷出它的好與不好， 或許可以這樣說，抽象藝術，大概只能用自己喜不喜歡來做判斷。

方飛白也曾經自認個人的畫作，也許就是表現出個人潛意識中的一些片段？也可能跟自己的夢與幻想有一點關係？

他一輩子漂流在很多的國家，因為工作與旅遊的關係，所以畫出來的抽象畫有很多漂流的感覺， 常常會畫出線條與形體的漂流感。

方飛白也接觸過很多的宗教，這些宗教大多認為世界上有很多的鬼魂精靈……

所以很多的抽象畫，其實是表現出我們四周的精靈、鬼魂之類的……。表現的形色，有線條與色彩的流動。圖像似乎是龍？魚？水？眼？山？之類的意象。

觀者也許會関注像與不像的問題？但是這不是抽象畫作的問題。

方飛白在這一類作品如下：

1. 人的變形
2. 人的困境

在人的變形與困境畫作中，雖以寫生作為創作取材，但更重視主觀情感的表現。造型比例依內在情感略作誇大的處理。個性率真感性思維，運筆豪邁，作品具視覺張力。

3. 拉伯文字的書寫與變形

阿拉伯文是世界前五大語言之一，幾乎整個北非和中東都使用阿拉伯文，但阿拉伯文也是全世界難學的語文前幾名。詩人方飛白曾就讀于政治大學的阿拉伯語文系，把阿拉伯的文字書寫變化成畫，自然是他的優勢，這樣也成為他的作品特色。從而間接巧妙利用阿拉伯文字畫推廣阿拉伯文化。作品傾向主觀情意表現，強調自我個性與意念表露。

4. 中國古代文字與阿拉伯象形字的書寫與變形

詩人畫家方飛白新構想用毛筆把甲骨文的（神）寫到阿拉伯的——神（彩色的象形文字）裡面，讓二者做更深入的結合。

在他台灣原住民的蛇圖騰，他就用細的毛筆在蛇身上寫了很多甲骨文的小字（蛇），就是要讓兩者結合在一起。

這一類中國與阿拉伯古代文字合體，追尋人類古老文明的源起，找到古人如何發明文字之原因，有他們的共同性相似性類似性，表示人類同源、世界大同、天下一家的理想。

全世界最早的象形文字中，例如：日月星辰，都是一樣的、很類似的寫法。方飛白把中國文字和阿拉伯文字巧妙的結合，天衣無縫，更是難能可貴，堪稱台灣畫壇一絕！

對於方飛白來說，文字成為主要的視覺題材。他克服了尋常認知中具象與抽象之間的僵化對立，轉而提出一種全新的藝術觀。

誠如美國知名藝術家拉斯查所說的：「我熱愛語言。文字擁有溫度……當它們達到某種熾熱程度時，便能將我迷住。」，當大家欣賞方飛白的獨樹一幟的風格，我們似乎可以察覺他對文字那份美妙持久的熱力。

詩人畫家方飛白，「走筆成詩韻、成畫作」，見證不同文化融合之後的豐富與溫潤。周遊列國的文化涵養，建構了一個文化與藝術的異想世界。

方白飛獨思時，常會圍繞這樣的念頭：

人生是無常，未來的畫會如何變化？
自己也是很難去控制，只能隨緣吧！
只有不斷變化，才是不變的法則！

詩人畫家方飛白的彩繪人間行旅

張學海

過往多從詩人方飛白的詩集中，見到有如浪人浪跡天涯的心靈發抒。

也從詩集中，同步神遊他數十年間，悠遊世界各地，觀察到各文明的現象與流變。自1983年就到阿拉伯世界工作，前後約有20年左右，故有機會到阿拉伯各國與其他國家旅遊（如沙烏地、巴林島、約旦、敘利亞、埃及、摩洛哥、南非、東南亞各國、中國各地）。

詩集是旅人也是詩人的方飛白，心有所感，目有所見，轉化成詩，集合成書。譬喻以「生命為經、以生活為緯、以經歷為記！」洵不誣也。

飛白平時好舞文弄墨，詩人身份較為人所悉，另一畫家角色，則在同好之間顯露。尤其近年疫情嚴重，拜居家自主期時間冗長之所賜，舞文弄墨反更加勤奮。因禍得福，作畫質量並進，畫風千變萬化，與其自由不羈的個性，不遑多讓。

欣賞方飛白的畫作，映入眼簾的是大膽的用色和時而粗獷、時而婉轉的線條與佈局。將不同文明的文字巧妙入畫，尤具特色。

方飛白考入政大學習歷史，後又修習阿拉伯文。因此對中東諸國的風土人情獨有偏愛，乃屬正常。

畫作中不同圖像之內容是用一些古文明的種種形式的文字，例如兩河流域各帝國的（楔形文字），又如埃及與中國的（象形文字），又如馬雅文明（文字符號），代表古文明的歷史文明和地理位置，因為文字與文明的交流和融合，無論是因和平的融合，或是戰爭的征服，人類才能造就今日世界各地不同的世界文明！

飛白這樣的圖畫表現，幽默地說，屬於「意象派作品」；也是詩人畫家方飛白的彩繪人間行旅！

飛白文字畫經常表現無常，就是有常，從飛白展現的作品裡，中阿文字加入抽象畫素材，亦可謂為半抽象。能夠學以致用入畫亦是一絕。

尤其本系列的文字畫暗含許多的偈語，他以繪畫來表現對中國及東南亞佛學的尊敬。

另外中東地區情慾色彩豐富的作品，也是飛白個人對七情六慾的坦白表現，張力十足，令人印象深刻。

飛白此類作品，在結構裡可明顯看出線條與色彩質量的重疊，明與暗、翻與轉、意象與手法非常不俗，線條色彩既大膽又飽滿，巧妙將中華文化與東南亞、中東地區不同文化，在畫作中呈現，人類文明追求的目標：「文化融合、世界和平」的理想，在飛白的畫作中完美呈現，此乃方飛白異於別人、異於常人之處！

飛白的詩與畫，形塑他的人格特質，尤其忠於中華文化之餘，猶熱中於中東地區文化的宣揚。

更在多年之後，對於昔日中東地區的風土人情，仍然念茲在茲。

「長在我心」是盼在有生之年，以詩畫榮耀重返中東，再次作深度旅遊與研究之雄心壯志！

「老兵不死，只是凋零」，余常與飛白兄相聚、相談、相戲，素知飛白有重返中東之心願，亦常戲稱為「阿布都拉方」，以示其與中東有宿世因緣。

「有心就有福，有願就有力；自造福田，自得福緣」，盼飛白莫忘初衷，中東舊地重遊之心願，早日實現。

謹以此文，為祝為頌。

（張學海：台灣法治促進會理事長，長期於世界和平法治時報，就台灣原住民、婦女、兒童、東南亞華人做戒毒、反毒、法治人權、文化教育之報導。）

方飛白畫作

一、中國古文字和阿拉伯象形文字合體畫系列
（Paintings　of Hieroglyphs of ancient China n Arab）

二、抽象畫系列（Abstract Paintings）

三、阿拉伯女神艾蘭娜系列（Arabian Godess：Inanna）

四、世界古文明系列（Paintinfs of ancient world）

五、台灣原住民圖騰系列（Paintings of aboriginal totem）

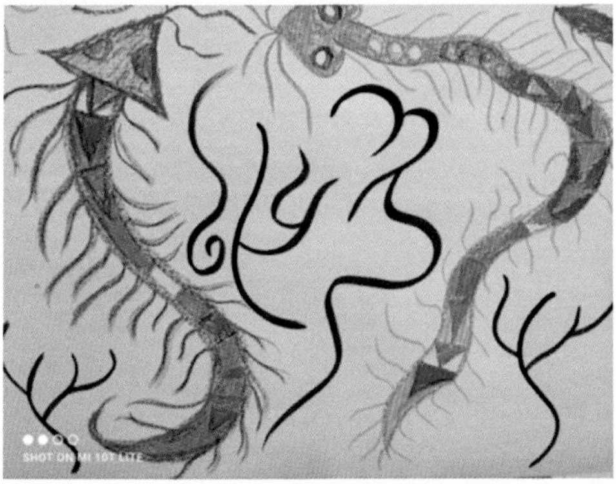

六、中國古代文字與變形系列
（Paintings of ancient Chinese n deformation）

神

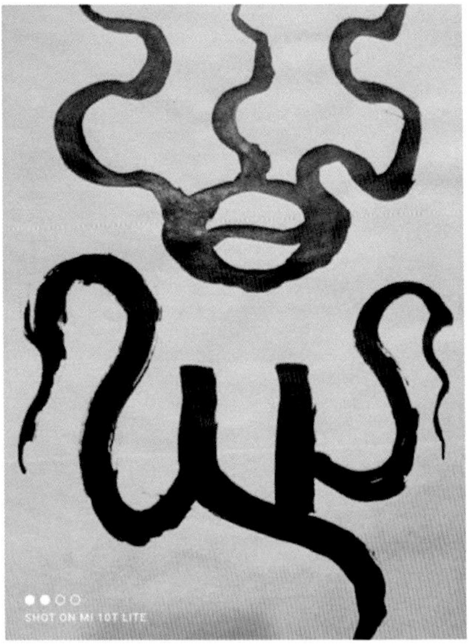

春心

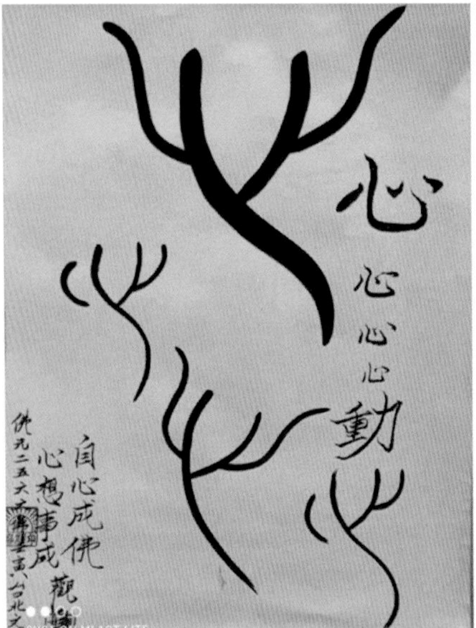

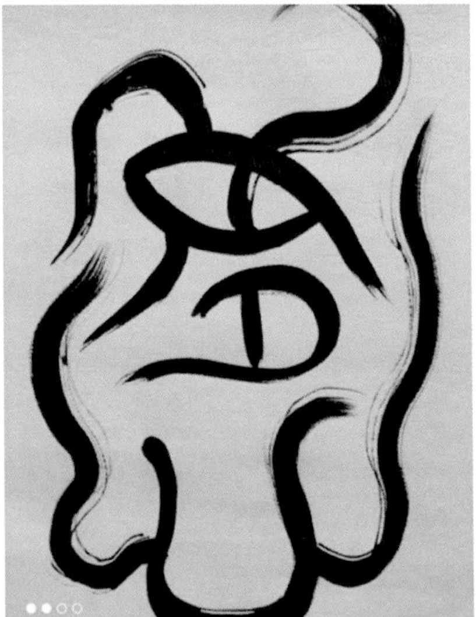

夢幻

似水

雲夢

山水雲(林昭仁居士收藏)

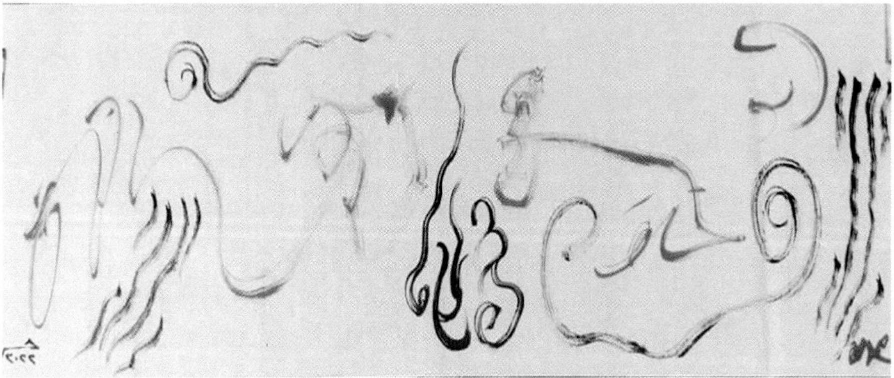

神祭(寶萊福文化藝品館收藏)

雲水夢幻

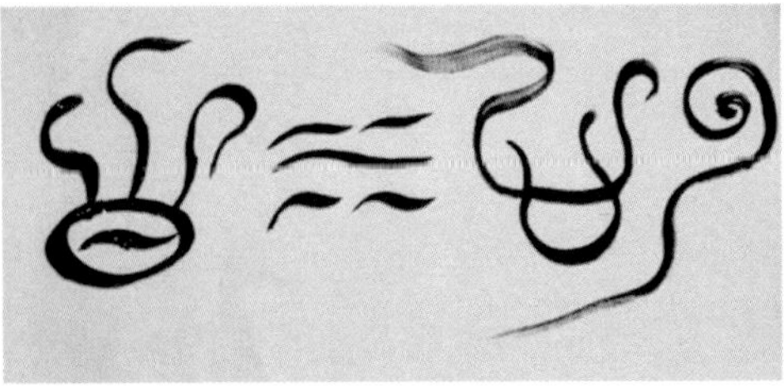

春水幻雲

SHOT ON MI 10T LITE

雲水

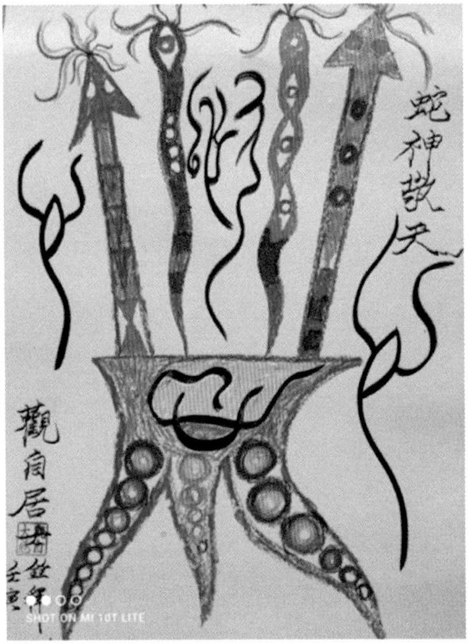
SHOT ON MI 10T LITE

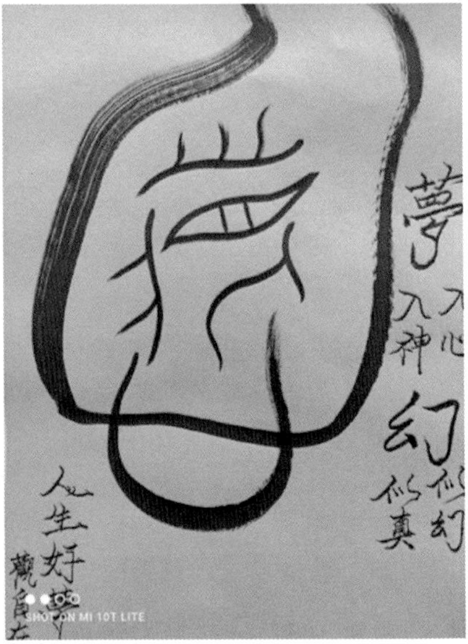
夢
入心
入神
幻
似幻
似真
人生好夢
SHOT ON MI 10T LITE

陳福成著作全編總目

壹、兩岸關係

①決戰閏八月
②防衛大台灣
③解開兩岸十大弔詭
④大陸政策與兩岸關係

貳、國家安全

⑤國家安全與情治機關的弔詭
⑥國家安全與戰略關係
⑦國家安全論壇。

參、中國學四部曲

⑧中國歷代戰爭新詮
⑨中國近代黨派發展研究新詮
⑩中國政治思想新詮
⑪中國四大兵法家新詮：孫子、吳起、孫臏、孔明

肆、歷史、人類、文化、宗教、會黨

⑫神劍與屠刀
⑬中國神譜
⑭天帝教的中華文化意涵
⑮奴婢妾匪到革命家之路：復興廣播電台謝雪紅訪講錄
⑯洪門、青幫與哥老會研究

伍、詩〈現代詩、傳統詩〉、文學

⑰幻夢花開一江山
⑱赤縣行腳・神州心旅
⑲「外公」與「外婆」的詩
⑳尋找一座山
㉑春秋記實
㉒性情世界
㉓春秋詩選
㉔八方風雲性情世界
㉕古晟的誕生
㉖把腳印典藏在雲端
㉗從魯迅文學醫人魂救國魂說起
㉘六十後詩雜記詩集

陸、現代詩（詩人、詩社）研究

㉙三月詩會研究
㉚我們的春秋大業：三月詩會二十年別集
㉛中國當代平民詩人王學忠
㉜讀詩稗記
㉝嚴謹與浪漫之間
㉞一信詩學研究：解剖一隻九頭詩鵠
㉟囚徒
㊱胡爾泰現代詩臆說
㊲王學忠籲天詩錄

柒、春秋典型人物研究、遊記

㊳山西芮城劉焦智「鳳梅人」報研究
㊴在「鳳梅人」小橋上
㊵我所知道的孫大公

㊶為中華民族的生存發展進百書疏
㊷金秋六人行
㊸漸凍勇士陳宏

捌、小說、翻譯小說

㊹迷情・奇謀・輪迴、
㊺愛倫坡恐怖推理小說

玖、散文、論文、雜記、詩遊記、人生小品

㊻一個軍校生的台大閒情
㊼古道・秋風・瘦筆
㊽頓悟學習
㊾春秋正義
㊿公主與王子的夢幻、
51 洄游的鮭魚
52 男人和女人的情話真話
53 台灣邊陲之美
54 最自在的彩霞
55 梁又平事件後

拾、回憶錄體

56 五十不惑
57 我的革命檔案
58 台大教官興衰錄
59 迷航記、
60 最後一代書寫的身影
61 我這輩子幹了什麼好事
62 那些年我們是這樣寫情書的
63 那些年我們是這樣談戀愛的
64 台灣大學退休人員聯誼會第九屆理事長記實

拾壹、兵學、戰爭

65 孫子實戰經驗研究
66 第四波戰爭開山鼻祖賓拉登

拾貳、政治研究

67 政治學方法論概說
68 西洋政治思想史概述
69 中國全民民主統一會北京行
70 尋找理想國：中國式民主政治研究要綱

拾參、中國命運、喚醒國魂

71 大浩劫後：日本 311 天譴說
日本問題的終極處理

拾肆、地方誌、地區研究

72 台大逸仙學會
73 台北公館台大地區考古・導覽
74 台中開發史
75 台北的前世今生
76 台北公館地區開發史

拾伍、其他

77 英文單字研究
78 與君賞玩天地寬（文友評論）
79 非常傳銷學
80 新領導與管理實務

2015 年 9 月後新著

編號	書　　　名	出版社	出版時間	定價	字數(萬)	內容性質
81	一隻菜鳥的學佛初認識	文史哲	2015.09	460	12	學佛心得
82	海青青的天空	文史哲	2015.09	250	6	現代詩評
83	為播詩種與莊雲惠詩作初探	文史哲	2015.11	280	5	童詩、現代詩評
84	世界洪門歷史文化協會論壇	文史哲	2016.01	280	6	洪門活動紀錄
85	三搞統一：解剖共產黨、國民黨、民進黨怎樣搞統一	文史哲	2016.03	420	13	政治、統一
86	緣來艱辛非尋常－賞讀范揚松仿古體詩稿	文史哲	2016.04	400	9	詩、文學
87	大兵法家范蠡研究－商聖財神陶朱公傳奇	文史哲	2016.06	280	8	范蠡研究
88	典藏斷滅的文明：最後一代書寫身影的告別紀念	文史哲	2016.08	450	8	各種手稿
89	葉莎現代詩研究欣賞：靈山一朵花的美感	文史哲	2016.08	220	6	現代詩評
90	臺灣大學退休人員聯誼會第十屆理事長實記暨 2015～2016 重要事件簿	文史哲	2016.04	400	8	日記
91	我與當代中國大學圖書館的因緣	文史哲	2017.04	300	5	紀念狀
92	廣西參訪遊記（編著）	文史哲	2016.10	300	6	詩、遊記
93	中國鄉土詩人金土作品研究	文史哲	2017.12	420	11	文學研究
94	暇豫翻翻《揚子江》詩刊：蟾蜍山麓讀書瑣記	文史哲	2018.02	320	7	文學研究
95	我讀上海《海上詩刊》：中國歷史園林豫園詩話瑣記	文史哲	2018.03	320	6	文學研究
96	天帝教第二人間使命：上帝加持中國統一之努力	文史哲	2018.03	460	13	宗教
97	范蠡致富研究與學習：商聖財神之實務與操作	文史哲	2018.06	280	8	文學研究
98	光陰簡史：我的影像回憶錄現代詩集	文史哲	2018.07	360	6	詩、文學
99	光陰考古學：失落圖像考古現代詩集	文史哲	2018.08	460	7	詩、文學
100	鄭雅文現代詩之佛法衍繹	文史哲	2018.08	240	6	文學研究
101	林錫嘉現代詩賞析	文史哲	2018.08	420	10	文學研究
102	現代田園詩人許其正作品研析	文史哲	2018.08	520	12	文學研究
103	莫渝現代詩賞析	文史哲	2018.08	320	7	文學研究
104	陳寧貴現代詩研究	文史哲	2018.08	380	9	文學研究
105	曾美霞現代詩研析	文史哲	2018.08	360	7	文學研究
106	劉正偉現代詩賞析	文史哲	2018.08	400	9	文學研究
107	陳福成著作述評：他的寫作人生	文史哲	2018.08	420	9	文學研究
108	舉起文化使命的火把：彭正雄出版及交流一甲子	文史哲	2018.08	480	9	文學研究

109	我讀北京《黃埔》雜誌的筆記	文史哲	2018.10	400	9	文學研究
110	北京天津廊坊參訪紀實	文史哲	2019.12	420	8	遊記
111	觀自在綠蒂詩話：無住生詩的漂泊詩人	文史哲	2019.12	420	14	文學研究
112	中國詩歌墾拓者海青青：《牡丹園》和《中原歌壇》	文史哲	2020.06	580	6	詩、文學
113	走過這一世的證據：影像回顧現代詩集	文史哲	2020.06	580	6	詩、文學
114	這一是我們同路的證據：影像回顧現代詩題集	文史哲	2020.06	540	6	詩、文學
115	感動世界：感動三界故事詩集	文史哲	2020.06	360	4	詩、文學
116	印加最後的獨白：蟾蜍山萬盛草齋詩稿	文史哲	2020.06	400	5	詩、文學
117	台大遺境：失落圖像現代詩題集	文史哲	2020.09	580	6	詩、文學
118	中國鄉土詩人金土作品研究反響選集	文史哲	2020.10	360	4	詩、文學
119	夢幻泡影：金剛人生現代詩經	文史哲	2020.11	580	6	詩、文學
120	范蠡完勝三十六計：智謀之理論與全方位實務操作	文史哲	2020.11	880	39	戰略研究
121	我與當代中國大學圖書館的因緣（三）	文史哲	2021.01	580	6	詩、文學
122	這一世我們乘佛法行過神州大地：生身中國人的難得與光榮史詩	文史哲	2021.03	580	6	詩、文學
123	地瓜最後的獨白：陳福成長詩集	文史哲	2021.05	240	3	詩、文學
124	甘薯史記：陳福成超時空傳奇長詩劇	文史哲	2021.07	320	3	詩、文學
125	芋頭史記：陳福成科幻歷史傳奇長詩劇	文史哲	2021.08	350	3	詩、文學
126	這一世只做好一件事：為中華民族留下一筆文化公共財	文史哲	2021.09	380	6	人生記事
127	龍族魂：陳福成籲天錄詩集	文史哲	2021.09	380	6	詩、文學
128	歷史與真相	文史哲	2021.09	320	6	歷史反省
129	蔣毛最後的邂逅：陳福成中方夜譚春秋	文史哲	2021.10	300	6	科幻小說
130	大航海家鄭和：人類史上最早的慈航圖證	文史哲	2021.10	300	5	歷史
131	欣賞亞熾現代詩：懷念丁穎中國心	文史哲	2021.11	440	5	詩、文學
132	向明等八家詩讀後：被《食餘飲後集》電到	文史哲	2021.11	420	7	詩、文學
133	陳福成二〇二一年短詩集：躲進蓮藕孔洞內乘涼	文史哲	2021.12	380	3	詩、文學
134	中國新詩百年名家作品欣賞	文史哲	2022.01	460	8	新詩欣賞
135	流浪在神州邊陲的詩魂：台灣新詩人詩刊詩社	文史哲	2022.02	420	6	新詩欣賞
136	漂泊在神州邊陲的詩魂：台灣新詩人詩刊詩社	文史哲	2022.04	460	8	新詩欣賞
137	陸官 44 期福心會：暨一些黃埔情緣記事	文史哲	2022.05	320	4	人生記事
138	我躲進蓮藕孔洞內乘涼--2021 到 2022 的心情詩集	文史哲	2022.05	340	2	詩、文學
139	陳福成 70 自編年表：所見所做所寫事件簿	文史哲	2022.05	400	8	傳記
140	我的祖國行腳詩鈔：陳福成 70 歲紀念詩集	文史哲	2022.05	380	3	新詩欣賞

141	日本將不復存在：天譴一個民族	文史哲	2022.06	240	4	歷史研究
142	一個中國平民詩人的天命：王學忠詩的社會關懷	文史哲	2022.07	280	4	新詩欣賞
143	武經七書新註：中國文明文化富國強兵精要	文史哲	2022.08	540	16	兵書新注
144	明朗健康中國：台客現代詩賞析	文史哲	2022.09	440	8	新詩欣賞
145	進出一本改變你腦袋的詩集：許其正《一定》釋放核能量	文史哲	2022.09	300	4	新詩欣賞
146	進出吳明興的詩：找尋一個居士的圓融嘉境	文史哲	2022.10	280	5	新詩欣賞
147	進出方飛白的詩與畫：阿拉伯風韻與愛情	文史哲	2022.10	440	7	新詩欣賞

陳福成國防通識課程著編及其他作品

（各級學校教科書及其他）

編號	書　　名	出版社	教育部審定
1	國家安全概論（大學院校用）	幼　獅	民國 86 年
2	國家安全概述（高中職、專科用）	幼　獅	民國 86 年
3	國家安全概論（台灣大學專用書）	台　大	（臺大不送審）
4	軍事研究（大專院校用）（註一）	全　華	民國 95 年
5	國防通識（第一冊、高中學生用）（註二）	龍　騰	民國 94 年課程要綱
6	國防通識（第二冊、高中學生用）	龍　騰	同
7	國防通識（第三冊、高中學生用）	龍　騰	同
8	國防通識（第四冊、高中學生用）	龍　騰	同
9	國防通識（第一冊、教師專用）	龍　騰	同
10	國防通識（第二冊、教師專用）	龍　騰	同
11	國防通識（第三冊、教師專用）	龍　騰	同
12	國防通識（第四冊、教師專用）	龍　騰	同

註一　羅慶生、許競任、廖德智、秦昱華、陳福成合著，《軍事戰史》（臺北：全華圖書股份有限公司，二〇〇八年）。

註二　《國防通識》，學生課本四冊，教師專用四冊。由陳福成、李文師、李景素、頊臺民、陳國慶合著，陳福成也負責擔任主編。八冊全由龍騰文化事業股份有限公司出版。